SUE PATTON THOELE

Das Abenteuer, du selbst zu sein

Sue Patton Thoele

Das Abenteuer, du selbst zu sein

Ein sanfter Weg für Frauen zu Gelassenheit, innerem Frieden und einem offenen Herzen

Übersetzung von Bettina Wehner

arbor

Arbor Verlag
Freiburg im Breisgau

Für meine Herzenstöchter,
Paige, Lynnie und Colleen,
die zu meinen kraftvollsten Lehrerinnen gehören und zu den Menschen,
die mir am meisten bedeuten

Die Originalausgabe erschien unter dem Titel:
The mindful woman: gentle practices for restoring calm,
finding balance and opening your heart

1. Auflage 2011

Titelfoto: © 2011 Carol Freeman
Lektorat: Lothar Scholl-Röse
Gestaltung: Anke Brodersen
Druck und Bindung: Kösel, Krugzell

Dieses Buch wurde auf 100 % Altpapier gedruckt und ist alterungsbeständig.
Weitere Informationen über unser Umweltengagement
finden Sie unter www.arbor-verlag.de/umwelt.

www.arbor-verlag.de

ISBN 978-3-86781-007-4

INHALT

EINLEITUNG

Ein fortwährendes Abenteuer

Ich freue mich sehr, dass ich die Möglichkeit habe, dieses Buch – *Das Abenteuer, du selbst zu sein* – zu schreiben. Es ist ein Segen, das ergründen zu dürfen, wonach sich die meisten von uns im Innersten ihres Herzens sehnen, was sich im Trubel des täglichen Lebens jedoch häufig aus den Augen verliert: nämlich dass sich Frauen innere Ruhe, ein offenes Herz und ein beständiges Gefühl von Ausgeglichenheit und Sinnhaftigkeit im Leben wünschen. Wir wollen Dankbarkeit und Freude empfinden statt Angst. Und wir möchten uns selbst ebenso tief und selbstlos lieben, wie wir andere lieben. Wir wollen etwas bewirken können und Erfüllung verspüren.

Werden sich all diese Wünsche erfüllen, wenn wir es lernen, achtsam zu leben? Das weiß ich nicht. Ich weiß aber sehr wohl, dass ich mich selbst weitaus zufriedener, offener und ausgeglichener fühle, seit ich die Verheißung und die Praxis der Achtsamkeit entdeckt habe. Obwohl ich sicher bin, dass auch mein Alter und meine Lebensumstände dazu beigetragen haben, dass ich mir selbst und dem Leben gegenüber milder geworden bin, staune ich immer wieder darüber, wie viel Freude und Vergnügen mit der Achtsamkeit einhergehen … wenn ich daran denke, sie auszuüben.

Obwohl ich keine Expertin in Achtsamkeit bin, so sehr man seine Fantasie auch bemühen mag, habe ich doch leidenschaftlich beschlossen, sowohl auf meiner inneren als auch auf meiner äußeren Lebensreise mehr Achtsamkeit walten zu lassen. Ich habe die Chance, dieses Buch zu schreiben, freudig ergriffen, denn eine der besten Möglichkeiten, etwas auf eine tiefe und nachhaltige Weise zu erlernen, besteht darin, es selbst zu lehren. Allerdings bin ich, wenn ich versuche, das zu praktizieren, worüber ich schreibe, abwechselnd entsetzt und amüsiert darüber, wie sehr sich die Achtsamkeit dem Zugriff entzieht und wie schnell ich mich aus klarer Schlichtheit und Konzentration wieder in hektische Betriebsamkeit und ungezügeltes Grübeln hinreißen lasse.

Ein gutes Beispiel bot sich mir heute Vormittag, als ich zu viel auf einmal tun wollte und dadurch eher abgelenkt als achtsam war. Ich habe mich dabei ertappt, dass ich bei meiner Kreditkartennummer ins Stocken geriet, als ich sie einer Versandhausangestellten durchgeben wollte, weil ich dabei gleichzeitig meine E-Mails aufgerufen, die Katzenhaare vom Computerbildschirm gewischt und darüber nachgegrübelt habe, wie ich diese Einleitung beginnen solle. Das war nur eine harmlose und amüsante kleine Episode, doch andere Episoden sind nicht so lustig. Wenn ich zu erschöpft bin, um einschlafen zu können, weil ich mich übernommen habe, mir zwanghafte Sorgen mache, einen Groll hege oder versuche, die Leiden dieser Welt zu lindern – oder, was näher liegt, die Leiden meiner unmittelbaren Angehörigen –, dann ist das gar nicht mehr lustig.

Zum Glück erkennen sowohl Wissenschaftler als auch Psychologen heute die Tatsache an, dass der Stress der geschäftigen Un-Achtsamkeit in unserer Gesellschaft epidemische Ausmaße angenommen hat. Viele von uns wissen aus eigener Erfahrung, dass ein unablässiges Durcheinander im Denken und Handeln zu Gesundheitsschäden, gestörten Beziehungen und geistigem Chaos führen kann, um nur einige der schädlichen Auswirkungen zu nennen. Achtsamkeit ist der erste Schritt zu einer positiven Veränderung. Wenn wir wissen, dass Unachtsamkeit gefährliche

Stressfaktoren erzeugt, dann können wir uns der Achtsamkeit zuwenden, welche uns tief im gegenwärtigen Moment einpflanzt, uns fest in der Realität des Hier und Jetzt verankert. Achtsamkeit neutralisiert das innere und äußere Chaos und lädt Gleichgewicht und Harmonie in unser Leben und in unser Wesen ein.

Es ist ein fortwährendes Abenteuer, nach der Schönheit und Anmut zu suchen, die mit einem achtsamen Leben einhergehen. Wenn mich die Anmut in angenehmen Zeiten an der Hand hält, fühle ich mich im Fluss mit allem, was in mir und um mich herum gut und richtig ist, und das Leben erscheint mir leicht und fröhlich, beschwingt und tröstlich. In schwierigen, aber dennoch achtsam erlebten Zeiten kann sich das Leben reich, fruchtbar und wachstumsfördernd anfühlen. Warum sind achtsame Zeiten dann eher die Ausnahme als die Regel? Warum verspüre ich nur allzu oft den Drang, mich selbst zu ermahnen: „Mach langsam! Sei ruhig! Bleib offen!“, und zwar in einer Art und Weise, die im Widerspruch steht zu meinem Langzeitmotto des „Lebe sanft mit dir selbst und anderen“?

Ich glaube, dass achtsame Zeiten seltener sind, als ich es gerne hätte, weil meine Energie zerstückelt und zerstreut ist, meine Aufmerksamkeit in der Vergangenheit oder in der Zukunft hängt – ein Stückchen steckt beim Brotregal im Supermarkt, ein Teilchen nagt noch an der ärgerlichen Bemerkung eines Kollegen, ein Stäubchen klebt am nicht richtig funktionierenden Computer, ein Scheibchen sorgt sich wegen einer drohenden Abgabefrist oder wegen der Probleme eines erwachsenen Kindes. Anders ausgedrückt, wenn ich nicht hier und jetzt in meinem Leben da bin, haben Gleichgewicht, Harmonie und Anmut keinen Ort, an dem sie sich ansiedeln könnten. Das Jetzt ist die einzige Zeit, in der irgendetwas wirklich existiert. Genau jetzt – genau dieser Moment, diese Erfahrung, dieses Gefühl, diese Interaktion – ist unser Leben. Alles andere ist Schall und Rauch.

Bewusst in diesem Augenblick zu leben, das ist das Kernstück aller Achtsamkeitspraktiken. Achtsam sein heißt, wahrhaftig lebendig zu sein. Achtsamkeit erlaubt es einem, für das eigene, authentische Selbst vollkommen präsent zu sein und das eigene Leben in Wachheit und Offenheit des Herzens zu leben. Bedeutet das, dass man Schmerz dann vielleicht tiefer empfindet? Möglicherweise ja. Wird einem Achtsamkeit mehr Freude und Gelassenheit bringen? Ja, meiner Erfahrung nach ist das so. Ist sie der Anstrengung wert? Für mich absolut ja. Da Sie diese Zeilen lesen, vermute ich einmal, dass Sie bereits von der Tiefe, Bedeutung und Magie eines achtsamen Lebens gekostet haben und gerne mehr davon in Ihrem geschäftigen Alltag erleben würden.

Meine Absicht bei und mein Traum für *Das Abenteuer, du selbst zu sein* besteht darin, Achtsamkeit auf leicht verständliche Weise zu erläutern, Geschichten und Beispiele von Frauen zu erzählen, die das achtsame Leben lohnend finden, und viele Praktiken aufzuzeigen, die den Weg leichter und vergnüglicher machen, sollten Sie ihn denn beschreiten wollen. Mein Herz würde singen vor Freude, wenn *Das Abenteuer, du selbst zu sein* sowohl für Sie als auch für mich selbst ein Sprungbrett darstellen könnte, von dem aus wir offenen Herzens in das wunderbare Jetzt eintauchen und unser Leben vollkommener, freudevoller und bewusster erleben könnten. Ich hoffe, dass die in diesem Buch enthaltenen Geschichten Sie nicht nur inspirieren, sondern Ihnen auch das Gefühl vermitteln werden, dass Freundinnen Sie auf Ihrem Weg begleiten. Sie sollen Ihnen zeigen, dass ich selbst und all die darin vorgestellten Frauen tausendmal straucheln, stolpern, fallen und vergessen, doch dass die wunderbare Erfahrung von Frieden, Glück, Entspannung und herzensmäßiger Offenheit, die die Achtsamkeit mitbringt, uns immer wieder auf den Weg zurückkehren lässt.

Das Abenteuer, du selbst zu sein kann auf unterschiedliche Weise genutzt werden – als Anleitung zum Meditieren, als tägliche Begleiterin und Erinnerungshilfe oder als Antwort auf eine ganz bestimmte Frage. Im 1. Teil werden die Grundlagen von Achtsamkeit dargestellt und die vielen Aspekte erläutert, in denen Achtsamkeit unser Leben bereichert. Der 2. Teil besteht aus Geschichten, praktischen Anleitungen und Übungen, die Ihnen helfen werden, Ruhe zu finden, ins Gleichgewicht zu kommen und Ihr Herz zu öffnen, indem Sie sich in der Anwendung von Achtsamkeit schulen. Im 3. Teil werden die Vorteile, die sich durch ein achtsames Leben ergeben, zusammengefasst und gewürdigt. Wenn Sie eine bestimmte Praxis zur Gewohnheit machen möchten, so konzentrieren Sie sich möglichst drei Wochen lang auf diese Praxis. Fachleute haben herausgefunden, dass es 21 Tage dauert, bis man entweder mit einer alten Gewohnheit gebrochen oder eine neue hergestellt hat. Sie können aber auch um den perfekten, genau richtigen Einstieg in diesem Augenblick bitten und das Buch dann nach dem Zufallsprinzip aufschlagen. Zufälliges Aufschlagen ist intuitiv und spannend und ruft manchmal ein verblüfftes „Das gibt's doch nicht!" hervor. Oder aber Sie haben mehr Freude daran, das Buch der Reihenfolge nach durchzulesen. Vertrauen Sie sich selbst und nutzen Sie *Das Abenteuer, du selbst zu sein* so, wie es Ihrem Herzen in diesem Moment entspricht. Es gibt keinen richtigen oder falschen Weg beim Praktizieren.

Obwohl die vielen, vielen Praktiken auf diesen Seiten anderen Frauen dabei geholfen haben, sich inmitten der Hektik und Hetze der alltäglichen Pflichten Augenblicke der Achtsamkeit und Oasen der Bewusstheit zu schaffen, sind sie keineswegs der Weisheit letzter Schluss. Vermutlich werden Sie selbst bereits Übungen und Praktiken kennen oder sich selbst welche erschaffen wollen, die ganz auf Ihre eigenen Wünsche und Bedürfnisse zugeschnitten sind.

Jede von uns besitzt die Fähigkeit, auf ihre eigene, einzigartige Weise Achtsamkeit zu üben. Der Frieden im Geist und im Herzen, den man durch eine achtsame Einstellung gewinnt, ist die Anstrengung wirklich wert. Achtsamkeit unterstützt uns dabei, uns selbst sanfter und vollkommener zu lieben. Eingehüllt in den Schutz und die Sicherheit der Selbstliebe, öffnet sich unser Herz ganz von selbst, und die Liebe fließt freier zu anderen hin. Und die Liebe ist die Essenz all dessen, was wirklich zählt.

TEIL I

Die Grundlagen erkunden

KAPITEL 1

Was ist Achtsamkeit, und warum sollten wir sie uns wünschen?

Achtsamkeit bedeutet, auf ganz bestimmte Art und Weise aufmerksam zu sein: bewusst, im gegenwärtigen Moment und ohne zu urteilen.

JON KABAT-ZINN

Achtsamkeit heißt, sich seiner selbst, anderer und der Umgebung in diesem Augenblick bewusst zu sein. Wenn man die eigene Aufmerksamkeit bewusst und wohlwollend auf das Leben ausrichtet, wie es sich Minute um kostbare Minute abspielt, kann man jede einzelne Erfahrung besser auskosten. Wenn man bewusst achtgibt, hat man auch die Gelegenheit, unkluge oder schmerzhafte Gefühle und Reaktionen rasch ändern zu können. Ganz bewusst im Hier und Jetzt zu sein, das kann in der Tat auch wunderbar Stress vermindern und kann daher als Bewusstseinstraining angesehen werden – als ein stärkendes Fitnessprogramm für Körper und Geist, für Seele und Herz.

Obwohl die wenigsten von uns die Veranlagung, die finanzielle Freiheit oder die geeigneten Lebensumstände dazu haben, lange Meditationsphasen, ausgedehnte Retreats oder endlose Zen-Spaziergänge zu unternehmen, können wir dennoch sehr wohl unsere zerstreute Energie und Achtsamkeit sammeln, indem wir Tag für Tag achtsame Momente üben! Mit der Zeit werden Momente zu Minuten, und Minuten werden schließlich zu einer präsenteren, friedvolleren Lebensweise.

Elemente von Achtsamkeit

Um uns viel beschäftigten Frauen einen leichteren Zugang zur Achtsamkeit zu verschaffen, habe ich vier Elemente herausgehoben, die meiner Meinung nach in der täglichen Praxis wesentlich sind. Diese sind: aufmerksam sein, im jetzigen Augenblick leben, Dinge vereinfachen und atmen. Jedes Element enthält natürlich zahlreiche Facetten, von denen wir viele im 2. Teil, Die Praktiken, untersuchen werden.

1. Aufmerksam sein

Wenn Sie Ihre Achtsamkeit auf jemanden oder auf etwas ausrichten, dann sind Sie aufmerksam. Sie haben Ihr Gesichtsfeld verengt und sich entschieden, die Person oder die Sache durch ein geistiges und emotionales Fernglas anzuschauen. Der Gegenstand Ihrer Aufmerksamkeit wird zu Ihrem Brennpunkt (Fokus). Fokussierte Aufmerksamkeit lässt Sie klarer und detailreicher wahrnehmen. Interessanterweise gewinnt nahezu jede Person oder Sache, der wir unsere genaue Aufmerksamkeit schenken, in unserem Geist und in unserem Herzen an Wert. Ein konzentriertes Gewahrsein führt zu einem besseren Verständnis und einer tieferen Wertschätzung dessen, worauf wir achten. Wenn wir beispielsweise jemand anderem wirklich zuhören und das, was er sagt, auf einer tieferen Bedeutungsebene wahrnehmen, so wird unsere Beziehung zu diesem Menschen reicher und tiefer. Wenn wir unsere Aufmerksamkeit mitfühlend auf jemanden richten, so wird es uns möglich, dessen Gedanken, Gefühle, Bedürfnisse und Zweifel besser zu verstehen. Tiefes Verständnis öffnet unser Herz. Während sich das Unbekannte bedrohlich oder verdächtig anfühlen kann, lässt sich das, was man kennt, eher lieben. Sehr häufig heißt jemanden zu kennen und ihn zu verstehen, ihn zu lieben.

Aufmerksamkeit ist ein unschätzbar wertvolles Geschenk.

Als ich mit meinem Sohn Brett über die Achtsamkeit sprach, sagte er: „Ich glaube, der Grund, warum ich Sportarten mit einem Adrenalinkick so mag, ist der, dass ich präsent und aufmerksam bleiben muss. Wenn ich es nicht tue, kann es um Leben oder Tod gehen." Genau das, was eine Mutter hören möchte, oder? Nichtsdestotrotz hat er in gewisser Hinsicht durchaus recht. Wenn man nicht auf sich selbst achtet, so stürzt man zwar nicht von einem Felsvorsprung aus ins Verderben und wird auch nicht von einer Monsterwelle im Sand begraben, so wie es bei meinem Sohn passieren könnte, doch sich über längere Zeit hinweg zu vernachlässigen zehrt einen so aus, dass alle Freude und Begeisterung fürs Leben verloren gehen kann. Ein Mangel an Aufmerksamkeit mag einen zwar nicht physisch umbringen, aber da ich von mir selbst und von vielen anderen Frauen Kommentare gehört habe wie „Das bringt mich noch um!" und „Ich fühle mich innerlich leer und wie tot" und „Ich habe das Gefühl, diese Beziehung (oder dieser Job oder dieser Stress) saugt alles Leben aus mir raus", weiß ich, dass es tatsächlich verheerende Folgen haben kann, wenn man sich selbst vernachlässigt.

Weil es, wenn man mit liebevoller Aufmerksamkeit auf etwas achtet, oft zur Wertschätzung, zum Verständnis und zur Freude an dem kommen kann, worauf man achtet, ist es extrem wichtig, sich selbst an die Spitze – oder ganz nah an die Spitze – der eigenen Aufmerksamkeitsliste zu setzen. Genau so, wie das Kennen und Verstehen von jemand anderem oftmals dazu führt, dass man ihn mehr lieb hat, trifft das Gleiche auch auf einen selbst zu. Sanft und liebevoll auf sich selbst zu achten bietet einem die Möglichkeit, sich selbst besser kennenzulernen, besser zu verstehen und besser anzunehmen, und sich folglich in sich selbst zu verlieben, genau so, wie man in diesem Augenblick ist.

Ein weiterer Bonus, den wir gewinnen, wenn wir gut auf uns selbst und den jeweiligen Moment achten, ist der, dass wir Angewohnheiten und Verhaltensweisen erkennen, die unser Leben nicht mehr mit Wert und Freude bereichern. Wenn wir kontraproduktive oder uns selbst sabotierende Handlungen, Reaktionen und Antworten an uns bemerken, während sie ablaufen, haben wir die Möglichkeit, innezuhalten und uns anders zu entscheiden, für etwas, das unserer Gesundheit und unserem Seelenfrieden förderlicher ist. Unsere Achtsamkeit im Jetzt gibt uns nicht nur die Möglichkeit, das zu verändern, was nicht mehr funktioniert, sondern es erlaubt uns auch, das zu verstärken und zu würdigen, was funktioniert. Besonders wenn man unter Druck steht oder sich gehetzt fühlt, verfällt man leicht in fruchtloses Kreisen, aus Angst oder aus Gewohnheit, und krallt sich an dem fest, was einen zum Wahnsinn treibt. Zum Glück führt Leben in Achtsamkeit zu einem selbstbestimmten Leben, das bewusst geschieht und Ruhe, Ausgeglichenheit und Frieden im Herzen und in der Seele fördert.

2. Im Moment leben

Als Psychotherapeutin, die davon überzeugt ist, dass ein Großteil unserer Heilung daher kommt, dass wir die Vergangenheit verstehen und Vergebung üben können, und als ein Mensch, der sich gerne an schöne Erlebnisse erinnert, um noch einmal in den Gefühlen zu schwelgen, die diese ursprünglich hervorgerufen haben, hatte ich zunächst Schwierigkeiten mit der Vorstellung, kontinuierlich im gegenwärtigen Augenblick zu leben. Was bedeutet es eigentlich, im gegenwärtigen Augenblick zu leben? Wie passt die Idee vom Leben im gegenwärtigen Augenblick dazu, dass wir für die Zukunft planen, Reservierungen für eine bevorstehende Reise vornehmen, im Voraus Termine ausmachen und all die anderen Realitäten des Lebens bewältigen müssen? Wie kann das Leben von Moment zu Moment neben meinen Ausflügen in die Vergangenheit stehen und neben der Notwendigkeit, zurechnungsfähig zu bleiben, indem ich mich auf kommende Ereignisse vorbereite?

Als ich mit Colleen, meiner „spirituellen" Tochter – die ich von meinem Herzen erwählt, aber nicht von meinem Körper geboren habe – darüber redete, dass ich noch nicht zu einem befriedigenden Verständnis vom Leben im gegenwärtigen Augenblick gelangt sei, meinte sie: „Darüber habe ich auch schon nachgedacht, und ich bin zu dem Schluss gekommen, dass das, was ich im gegenwärtigen Moment ganz *bewusst* tue, der gegenwärtige Moment *ist.*" Aha! Das sprichwörtliche Licht ging mir auf, und das Leben im Moment wurde zu einem glaubwürdigen und machbaren Unterfangen. Für mich ist das Wort „bewusst" hier ausschlaggebend. So wie ich es verstehe, ist unsere Aufmerksamkeit, wenn wir etwas bewusst tun, denken oder erleben, vollständig präsent, und wir sind mit der Wirklichkeit dessen, was geschieht, verbunden. Wenn wir daher ganz wach und uns bewusst sind, dass wir genau hier und jetzt für die Zukunft planen oder an die Vergangenheit denken, dann sind wir immer noch im gegenwärtigen Augenblick.

Obwohl ich glaube, dass Achtsamkeit auch das Verstehen und Würdigen der Vergangenheit und das Planen, Entwerfen und Vorstellen der Zukunft beinhalten kann, wollen wir uns hier auf die Erläuterungen von erfahrenen und berühmten Lehrern konzentrieren, die Achtsamkeit als das bewusste, mitfühlende und nicht urteilende Präsentsein gegenüber dem sehen, was unmittelbar hier und jetzt geschieht. Es ist zwar möglich, dass wir uns des Hier und Jetzt bewusst bleiben können, wenn wir unsere Gedanken bewusst in die Zukunft schicken oder entscheiden, in der Zeit zurückzugehen, um die Vergangenheit zu rekapitulieren. Trotzdem ist es ungemein wichtig, dass wir uns darauf konzentrieren, im gegenwärtigen Moment zu bleiben, denn nur allzu leicht fallen wir aus einem achtsamen Zustand heraus, wenn unsere Gedanken den Autopiloten anschalten und in die unterschiedlichsten Richtungen davonstreben.

Es mag zwar nicht so klingen, aber Achtsamkeit ist nicht mühsam oder anstrengend. In Wirklichkeit ist Achtsamkeit beruhigend, erdend und zentrierend. Trotzdem kann ich beinahe hören, wie Sie aufstöhnen, so wie es meine Freundin Cynthia getan hat: „Was?! Wie soll ich – ein Genie im Multitasking, eine Perfektionistin, eine Ko-Abhängige (die immer ein offenes Ohr oder eine ausgestreckte Hand für die Bedürfnisse anderer hat) – denn eine achtsame Frau werden?“ Die Antwort ist leicht, aber nicht unbedingt einfach. Wir werden achtsame Frauen durch geflissentliches Üben, Üben, Üben.

Bestimmt haben Sie schon einmal den Ratschlag „Immer nur einen Tag nach dem anderen nehmen“ gehört. Einen Tag nach dem anderen ist zwar ein großartiges Konzept, doch wir alle wissen, dass ein einziger Tag unter gewissen Umständen viel zu viel beinhalten kann, als dass wir es bewältigen könnten, wie etwa tiefe Trauer, körperliche Schmerzen oder auch Angst. In herzzerreißenden Situationen ist das Äußerste, was wir tun können, vielleicht das, dass wir es „eine Minute nach der anderen“ oder „einen Atemzug nach dem anderen“ nehmen. Das gleiche Prinzip der kleinen Schritte gilt auch bei Ihren Praktiken, durch die Sie eine achtsamere Frau werden. Nehmen Sie es nur ein winzigkleines, tolerantes Schrittchen auf einmal. Zumindest ist das der Weg, wie ich und andere Frauen, die ich kenne, in Richtung größerer Achtsamkeit vorangehen – immer nur einen sanften, bewussten Augenblick auf einmal. Tatsächlich kreist ja das ganze Thema von *Das Abenteuer, du selbst zu sein* darum, dass schon einige wenige achtsame Momente die ganze Welt verändern können.

3. Vereinfachen

Obwohl uns von Therapeuten und spirituellen Lehrern, so auch vom Dalai Lama, versichert wird, dass uns eine Vereinfachung unseres Lebens glücklicher machen wird, haben viele von uns nicht nur ein brechend vollgeladenes Tablett zu tragen, sondern müssen auch noch mehrere davon balancieren. Infolgedessen können unsere Zeit und unsere Energien zerstückelt werden, wenn wir versuchen, die fordernden Rufe allzu vieler Verpflichtungen und Gelegenheiten zu erfüllen. Weil wir für viele Menschen auf vielerlei Art und Weise da sind, verfallen wir nur allzu leicht in eine 24-stündige Verfügbarkeit und vergessen dabei uns selbst. Eine meiner Klientinnen hat ihr Gefühl, von allzu vielen Verpflichtungen überfordert zu sein, so beschrieben, als würden sie „Enten zu Tode knabbern".

Es hilft, das Gefühl von Überforderung zu lindern, wenn wir uns sanft wieder ins Hier und Jetzt zurückbugsieren, indem wir unsere Aufmerksamkeit von der Armee von Enten wegnehmen, die nur auf den nächsten Angriff zu warten scheint, und uns allein auf diejenigen Enten konzentrieren, die *in diesem Moment* gerade an uns knabbern. Man kann in der Regel fast alles bewältigen, wenn man vereinfacht und einen kleinen Schritt nach dem anderen macht, einen kleinen Biss nach dem anderen … einen Moment nach dem anderen. Ich habe festgestellt, dass es bei nahezu allen Anforderungen auch eine große Hilfe ist, sich für die Taktik der kleinen Schritte eine detaillierte Liste anzulegen. Natürlich gibt es auch Zeiten von außergewöhnlicher Erschöpfung, von Krankheit, Stress oder Trauer, in denen der Moment selbst so überwältigend ist, dass keinerlei Maß an Vereinfachung mehr hilft. In solch schlimmen Zeiten müssen wir anderen erlauben, uns zu tragen.

Doch selbst in Extremsituationen, und ganz gewiss in der Realität des Alltags, hilft uns achtsames Leben, die heitere Gelassenheit des Einfachen zu wählen, das segensreiche Gefühl, unterfordert zu sein, und es schenkt uns die Fähigkeit zu erkennen, welcher Trost uns in diesem Moment verfügbar ist. Weil Minuten der Achtsamkeit unsere Seele trösten, unseren Geist zur Ruhe bringen und unser Herz öffnen, sind sie die Mühe wert, sie zu erlernen und in unser Leben zu integrieren.

Es gibt unzählige Wege, wie Sie Ihr inneres und äußeres Leben vereinfachen können, und die meisten davon bringen zumindest ein gewisses Maß an Erleichterung und Entspannung. Meine Freundin Sonja, die kürzlich pensioniert wurde, ist jetzt eifrig und glücklich damit beschäftigt, ihr Zuhause zu vereinfachen, indem sie mindestens 27 Dinge pro Tag aussortiert und nach Herzenslust entrümpelt. Sie fühlt sich in der Tat befreiter. „All das Gerümpel hat mich körperlich und emotional belastet", berichtet sie mit Begeisterung. „Ich fühle mich schon so viel leichter und freier und bin richtig stolz auf mich!" Da sie den Luxus von viel freier Zeit genießt, bringt Sonja nun mehr Ausgeglichenheit und Harmonie in ihre Wohnung und in ihr Herz, indem sie materielle Besitztümer loswird, die nicht mehr notwendig oder nützlich sind.

Und mit dem Vereinfachen ihres physischen Lebensraums sorgt Sonja auch dafür, dass ihr innerer Raum entrümpelt und gereinigt wird. Sie könnten ebenfalls profitieren, indem Sie Ähnliches tun. Wenn Sie die Angewohnheit haben, sich mit verächtlichen Ausdrücken zu beschimpfen wie etwa „Du blöde Kuh!", so müssen Sie das loswerden. Oder vielleicht schleppen Sie noch einen alten Groll oder eine Verletzung mit sich herum, die nach Vergebung verlangen, damit die Liebe wieder frei aus Ihnen ausströmen und zu Ihnen hinfließen kann. Um wie vieles einfacher unser Leben doch wird, wenn wir solche Dinge auf den Müllhaufen werfen und sie symbolisch durch Verbrennung transformieren.

Einfachheit bringt Ruhe. Einfachheit bringt Zufriedenheit.

Vereinfachung schafft inneren und äußeren Raum; Raum lässt heitere Gelassenheit einkehren.

4. Atmen

Der Atem ist die Brücke zwischen Körper und Geist und das Tor zum gegenwärtigen Augenblick. Wenn man sich auf den eigenen Atem konzentriert, kann man sich rasch ins Hier und Jetzt und Geist und Seele mit dem Körper in Einklang bringen. Viele der

Praktiken im 2. Teil dieses Buches stellen Möglichkeiten vor, wie Sie den Atem nutzen können, um Ihre Achtsamkeit und Ihr Körperbewusstsein zu steigern. Atempraktiken drehen sich um die folgenden Leitlinien:

- Aufmerksamkeit auf den Atem
- Vertiefung des Atems
- Ausrichten des Atems

Atmen ist das Erste, was wir tun, wenn wir geboren werden, und das Letzte, was wir tun, bevor wir sterben. Atem ist Leben. Atem ist ein großer Lehrmeister. Wenn man seinen Atem bewusst und konstruktiv nutzt, steigern sich Freude und Wohlbefinden im täglichen Leben, man öffnet sich weiter für die Liebe, und man wird auf tiefe und erfüllte Weise in die Praxis der Achtsamkeit hineingeführt.

Mythen über die Achtsamkeit

Nachdem ich soeben erläutert habe, wie ich die Achtsamkeit sehe, und die vier Elemente hervorgehoben habe, auf die wir uns in *Das Abenteuer, du selbst zu sein* besonders konzentrieren werden, möchte ich nun auf einige Mythen über die Achtsamkeit eingehen.

Mythos Nr. 1: Achtsamkeit ist Meditation

Obwohl Achtsamkeit und Meditation einen ähnlichen Nutzen bringen, und obwohl beide dazu gedacht sind, Körper, Geist und Seele zur Ruhe zu bringen und zu sammeln, ist Meditation etwas, was wir tun, und Achtsamkeit ist etwas, was wir sind. Meditation ist eine bewusst herbeigeführte Oase, in der man sich verjüngt und erfrischt. Bei der Meditation bringt man den eigenen Körper, den Geist und die Seele zur Ruhe, um sich mit sich selbst und der eigenen Quelle rückzuverbinden. Meditation ist eine Aktivität. Achtsamkeit ist eine bewusste Ausrichtung der eigenen Haltung und des eigenen Fokus.

Die Meditation unterstützt und fördert Achtsamkeit, indem sie unseren abschweifenden Geist dazu erzieht, in Stille aufmerksam und bewusst präsent zu sein. Aufgrund ihrer unterstützenden Natur sind viele der in *Das Abenteuer, du selbst zu sein* enthaltenen Praktiken Meditationen. Wir üben sie aus, um uns selbst zur Ruhe, in unsere Mitte und ins Gleichgewicht zu bringen und die Tendenz zu verringern, uns in Gedanken zu verlieren. Solche Meditationen stärken die „Achtsamkeitsmuskeln", die wir brauchen, um die Gewohnheit achtsamen Gewahrseins zu entwickeln.

Mythos Nr. 2: Achtsamkeit ist schwierig und zeitaufwendig

Da Achtsamkeit ja eine innere Haltung ist, können wir diese so schnell und leicht einnehmen, wie wir beim Fernsehen von einem Sender auf einen anderen umschalten. Das einzig Schwierige bei der Achtsamkeit ist, dass wir daran denken, sie zu praktizieren, und uns nicht zu verurteilen, wenn wir es vergessen haben, sondern einfach zu beschließen, wieder in den gegenwärtigen Moment zu kommen und darauf zu achten, was gerade geschieht.

Achtsamkeit spart in Wirklichkeit Zeit und Energie, da sie uns den aufreibenden Verschleiß erspart, der an unserer Psyche, unserer Seele und unserem Selbst entsteht, wenn wir unbewusst in die Vergangenheit oder in die Zukunft gezogen werden. Wir können zwar die Vergangenheit heilen und für die Zukunft Pläne machen, aber wir können weder das eine noch das andere verändern oder unter Kontrolle halten, was die Beschäftigung mit beiden oft zu einer Übung in Frustration und Impotenz werden lässt.

Unterschiede zwischen achtsamem und automatischem Leben

Wir alle schalten von Zeit zu Zeit in den Modus des Autopiloten. Ich jedenfalls tue das. Aber ich hatte nicht gewusst, wie häufig ich es tue, bis ich einmal beschlossen habe, dass es ganz lustig wäre, eine Bestandsaufnahme meines eigenen achtsamen/automatischen Lebens zu machen. Während eines bestimmten Tages notierte ich mir neugierig die Momente, wo ich entweder achtsam oder aber mechanisch ablaufende Handlungen oder Gespräche registrierte. Ich hatte mich definitiv darin getäuscht, dass die Übung lustig sein würde! Als ich bemerkte, wie oft ich etwas aus purer Gewohnheit machte oder sagte – wobei ich wusste, dass mir dabei vermutlich noch tausend weitere Beispiele für Unachtsamkeit entgingen –, musste ich ganz schön stutzen. Mein Entschluss verfestigte sich, in kleinen Schritten zu einem achtsameren Leben zu finden. Als Folge meines kleinen Experiments habe ich erkannt, dass „automatisches Leben" im Wesentlichen das Gegenteil von Achtsamkeit ist.

Aufgrund der vielen Anforderungen an unsere Zeit, unsere Energie und unsere Aufmerksamkeit schalten viele von uns schon frühmorgens in die höchste Gangart und hetzen durch die Stunden des Tages in dem Versuch, alles zu erledigen, was von uns erwartet wird oder was wir selbst von uns erwarten. Es ist kein Wunder, dass wir uns am Ende eines solchen Tages verblüfft fragen, wo die Stunden hingegangen sind, was wir in ihnen erreicht haben und, was noch wichtiger ist, ob wir das Gefühl haben, dass es ein vergeudeter oder ein gut verbrachter Tag war.

Manchmal reicht es schon, sich einige der Unterschiede zwischen achtsamem und automatischem Leben aufzuschreiben, um klarer zu erkennen, welches Verhältnis zwischen Achtsamkeit und automatischem Leben in unserem Alltag herrscht. Die folgenden Beispiele kratzen kaum an der Oberfläche der Unterschiede zwischen Achtsamkeit und Automatismen, aber ich denke, dass Sie die Lücken durch Ihre eigenen, ganz persönlichen „Lieblingsadjektive" ausfüllen können.

Achtsames Leben ist	**Automatisches Leben ist**
bewusst	unbewusst
kreativ	gewohnheitsmäßig ablaufend
ruhig	unruhig
einfach	kompliziert
zielbewusst	chaotisch
verantwortungsbewusst	anderen/m die Schuld gebend
reif	unreif
dankbar	sich beklagend
selbstbestimmt	tyrannisch
mit offenem Herzen	angsterfüllt, verschlossen
entspannt	gehetzt
fokussiert	zerstreut

Der Gegensatz zur Achtsamkeit wird beim Autofahren besonders offensichtlich. Mein Sohn hat das Autofahren einmal als „Auszeit“ bezeichnet, aber angesichts der vielen Verkehrsunfälle und Verletzungen, die jeden Tag geschehen, ist das wahrscheinlich nicht die beste Sichtweise vom Fahren. Viele von uns benutzen die Zeit am Steuer dennoch fürs „Multitasking“ und teilen ihre Zeit auf zwischen der Straße, dem Handy, dem Essen und dem Schimpfen mit den Kindern, wobei die Konzentration von einer Aufgabe zur andern springt. Straßenpolizisten stellen den Autofahrern mittlerweile routinemäßig die Frage, ob sie mit dem Handy telefoniert hätten, als der Unfall oder die Verkehrsübertretung geschah. Erst neulich erkannte ich, dass mein innerer Autopilot bereits mehrere Kilometer gefahren war, ohne dass ich überhaupt Notiz von der Strecke genommen hätte. Ironischerweise hatte ich so fleißig über das Thema Achtsamkeit nachgedacht, dass ich dadurch zu meinem eigenen schlechten Vorbild wurde.

Achtsam zu leben fördert inneren Frieden und Bewusstheit, während ein automatischer Geist, der von Tausenden nach Aufmerksamkeit heischenden Gedanken und Sorgen überquillt, oftmals Anspannung und Angst, Depressionen und Enttäuschung produziert. Wenn wir bis zum Äußersten von inneren und äußeren Anforderungen beansprucht und abgelenkt sind, ist es unmöglich, noch irgendetwas klar zu sehen. Wenn man das übermenschliche Tempo betrachtet, in dem wir oftmals unterwegs sind, ist es dann ein Wunder, dass das Leben wie ein Blitz vorbeizuhuschen scheint? Wenn wir uns hingegen achtsam durch den Tag bewegen, kann das ein großartiges Gefühl von Ruhe, Ausgeglichenheit und Freude mit sich bringen. Obwohl ich immer wieder vergesse, achtsam zu bleiben, bringt es mir ein gutes Gefühl, allein schon zur Achtsamkeit entschlossen zu sein und weiter zu üben, zu üben, zu üben. Winston Churchills Äußerung „Erfolg besteht darin, von Misserfolg zu Misserfolg zu gehen, ohne die Begeisterung zu verlieren“ scheint gut auf die Praxis von Achtsamkeit zu passen. Es wird uns nicht gelingen, jeden Moment achtsam zu sein – keiner kann das. Doch wir können die Begeisterung beibehalten und Nutzen aus unserer Praxis ziehen, ganz gleich, wie perfekt oder wie unvollkommen sie ist.

Ein Wort über die Frauen

Obwohl die Praxis der Achtsamkeit tief in uralten mönchischen Traditionen verwurzelt ist, bin in der Meinung, dass wir Frauen uns in einzigartiger Weise für diese Praxis eignen, weil wir von Natur aus mit Qualitäten wie Sensibilität und weit gefächertem Bewusstsein gesegnet sind. *Weitgefächertes oder offenes Bewusstsein* ist die Fähigkeit, mühelos viele Dinge gleichzeitig wahrzunehmen und zu begreifen. *Sensibilität* heißt, Gefühle über das Gesehene, Begriffene und Erfahrene zu empfinden. Frauen sind multi-fokussierte, multi-facettierte und multi-aktive Wunderwesen. Wir können viele unterschiedliche Dinge auf einmal wahrnehmen und beachten, während wir dabei auch registrieren, wie wir uns fühlen. Das sind naturgegebene Talente, die dem achtsamen Leben förderlich sind.

Der Vorteil von Sensibilität und weit gefächertem Bewusstsein ist die Tatsache, dass uns nicht vieles entgeht; der Nachteil ist genau das gleiche. Vieles entgeht uns nicht. Obwohl es in vielen Bereichen des Lebens – sowohl die Kindererziehung als auch das Verfolgen einer beruflichen Karriere liegen hier nahe – sehr hilfreich ist, wenn man sowohl subtilen Nuancen als auch ganz offensichtlichen Gegebenheiten gegenüber wachsam ist und gut darauf reagieren kann, kann eine solche erhöhte Sensibilität einen auch überfordern.

Sensibilität, Bewusstheit und ich

„Ich trage das Gewicht der Welt auf meinen Schultern und fühle mich überfordert und erschöpft", klagte eine Klientin. Das konnte ich ihr sicherlich nachfühlen, denn auch ich hatte mich jahrelang überfordert gefühlt und es selbst noch schlimmer gemacht, indem ich mich dafür geißelte, eine schlechte Mutter, Ehefrau, Therapeutin und was ich zu jenen Zeiten eben sonst noch war, zu sein. Ja, vier Kinder großzuziehen, mit zwei Ehemännern – einem davon mit spektakulärem Misserfolg – leben zu lernen, einen Haushalt zu führen, zu kochen, mir eine Karriere aufzubauen und dann noch eine weitere obendrauf, und daneben noch all die Myriaden von täglichen Dingen zu erledigen, das kann einen fast aufreiben. Doch ich habe die schwierigen Gefühle noch verstärkt, indem ich weder genug Verständnis für mich selbst aufgebracht noch gut genug für mich gesorgt habe.

Als eine Freundin bemerkte, wie häufig ich überfordert wirkte, empfahl sie mir Elaine Arons Buch von 1998, *The Highly Sensitive Person: How to Survive When the World Overwhelms You* (Dt.: *Sind Sie hochsensibel? Wie Sie Ihre Empfindsamkeit erkennen, verstehen und nutzen*, Heidelberg 2005). Im Vorwort stellt die Autorin fest: „Ein hochsensibles Nervensystem zu besitzen ist eine normale, eine im Grunde neutrale Eigenschaft, die Sie vermutlich geerbt haben. Sie tritt bei ca. 15 bis 20 Prozent der Bevölkerung auf."

Frau Prof. Aron erklärt weiter, dass das Nervensystem bei hochsensiblen Menschen *physisch* so vernetzt ist, dass sie schneller als andere Menschen übererregt und überstimuliert sein können.

Als ich den Selbsttest in diesem Buch gemacht hatte, zeigte das Ergebnis ohne den Schatten eines Zweifels, dass ich ein hochsensibler Mensch bin, eine HSP („highly sensitive person"). Welch unglaubliche Erleichterung, als „normal" eingestuft zu sein und langsam die nagende Angst loslassen zu können, dass ich von Grund auf schadhaft oder unheilbar emotional gestört sein könnte. Die Einsicht, dass die Vernetzung des Nervensystems – ein physiologisches Phänomen – mich zu einem sensitiven Menschen macht, nicht zu einem Weichling oder, noch schlimmer, zu einer zähnefletschenden Megäre, ist immer noch eine unheimlich befreiende Erkenntnis.

Geräusche sind einer meiner höchst sensiblen Bereiche. Zu dem Zeitpunkt, als ich erfuhr, dass ich hochsensibel bin, bestand mein Haushalt aus einem Ehemann, vier Teenagern, drei Hunden, einer Katze und ca. einhundert Teenagerfreunden. Wie Sie sich vorstellen können, überstieg der Lärmpegel jedes Maß. Obwohl ich jedes Kind, Viecherl und jeden Schnarcher lieb hatte, hatte ich doch oft das Gefühl, direkt an eine Hochspannungsleitung angeschlossen zu sein – scheinbar ohne einen Ausgang für meine eigenen Gefühle von Versagen, Ungeduld und Nörgelei. Zum Glück bekam ich, als ich herausfand, wie mein Nervensystem und mein Gehirn vernetzt sind, die Erlaubnis, allmählich Grenzen zu setzen, die für mich in Ordnung und für meine Familie nicht allzu einschränkend waren.

Da hochsensible Menschen von Büchern wie diesem angezogen werden, könnten auch Sie eine HSP sein. Wenn dies der Fall ist, so ist es besonders wichtig, dass Sie sich Ihrer Sensibilität bewusst bleiben und, ohne zu urteilen, besonders gut auf sich achten. Selbst wenn Sie der Meinung sind, Sie hätten keine sensible Ader in Ihrem Körper und keinerlei sensible Emotion in Ihrer Seele, so ist es dennoch absolut wesentlich, dass Sie sich Ihrer eigenen Bedürfnisse gewahr sind und ebenso gut für sich selbst sorgen wie für andere. Ich glaube wirklich, dass Frauen in unserer von

Kriegen zerrissenen und oftmals grausamen Welt dazu berufen sind, der ganzen Menschheit ein Vorbild an Freundlichkeit und Wohlergehen zu sein. Und natürlich ist der beste Weg, solch ein Vorbild zu werden, der, Ihr eigenes Wohlergehen so hartnäckig und fürsorglich zu schützen, wie es eine liebende Mutter täte.

Weibliche Qualitäten

Achtsamer zu werden ist ein hervorragender Weg zu größerer Selbstfürsorge und Selbstverwirklichung. Um aus der Achtsamkeit das Beste herauszuholen, sollten Sie sie auf eine Art und Weise praktizieren, die mit Ihrer Grundnatur in Einklang steht – mit dem Wesen einer Frau. Die in *Das Abenteuer, du selbst zu sein* enthaltenen Praktiken konzentrieren sich auf weibliche Stärken, Qualitäten und Energien.

Die folgende Liste von weiblichen Qualitäten und Energien ist bei Weitem nicht vollständig. Es ist vielmehr bloß eine Auswahl, die das intuitive, beziehungsorientierte Herz der Weiblichkeit unterstreicht.

Weibliche Qualitäten sind

- *weit gefächertes Bewusstsein:* erfasst und begreift gleichzeitig eine große Bandbreite an Sinnesreizen; umfassende Auffassungsgabe
- *sensibel:* antwortet auf äußere und innere Bedingungen oder Stimulation; ist empfänglich für Einstellungen, Gefühle oder Umstände des eigenen Selbst und von anderen
- *emotional geerdet:* gefestigt, stabil, ausgeglichen, in der Lage, all ihre Energien exakt dort zu bündeln, wo sie gerade steht
- *intuitiv:* ganzheitlich, greift eher auf die unmittelbare Wahrnehmung zurück als auf rationales Denken; besitzt ein reiches Innenleben

- *beziehungsorientiert:* am Erhalt und an der Vertiefung von Beziehungen interessiert
- *mitfühlend:* empathisch, herzlich, offen
- *kraftvoll:* sanft, aber eisern, setzt sich für die Schwachen und Verletzlichen ein und steht für das ein, was recht ist
- *würdigt Prozesshaftigkeit:* kann zulassen, dass sich Umstände, Ideen und Erfahrungen entwickeln
- *sanft:* ist in der Lage, mit sich selbst und anderen sanft umzugehen
- *verzeihend:* erkennt an, dass wir alle unvollkommen sind und dass Unversöhnlichkeit den natürlichen Fluss der Lebenskraft blockiert
- *empfänglich:* ist offen, um das Neue, Andere, Wundersame aufzunehmen
- *introspektiv:* ist zum Spirituellen und Philosophischen hingezogen
- *heilend:* besitzt die Fähigkeit, Körper, Geist und Seele durch die Anlage zu heilen, tief auf ihre angeborene innere Weisheit zu hören

Diese weiblichen Qualitäten als etwas anzuerkennen, was Sie besitzen oder vielleicht zu besitzen anstreben, kann Ihnen dabei helfen, die naturgegebenen Eigenschaften, die Sie haben, zu begreifen und zu achten, und sie auf Ihrem Weg zu größerer Achtsamkeit liebevoll und zulassend zu nutzen.

PRAXIS

Achtsames Einladen einer bestimmten Qualität durch Atmen

Die folgende Atemübung ist zwar sehr einfach, doch ungemein wirkungsvoll. Sie werden Ihren Atem achtsam nutzen und eine bestimmte Qualität einladen, in Ihnen zu leben und dadurch auf natürliche Weise durch Sie selbst zum Ausdruck zu kommen.

Wenn eine der oben genannten Qualitäten eine Saite in Ihrem Herzen zum Schwingen gebracht hat, dann nehmen Sie sie für diese Praxis. Wenn nicht, dann suchen Sie sich bitte eine andere gute Eigenschaft, die Sie gerne hätten. Vor einigen Tagen fühlte ich mich beispielsweise frustriert und von Umständen eingeschränkt, die außer meiner Kontrolle lagen. Aus diesem Grunde wurde ich entsetzlich ungehalten. Wegen der Art und Weise, wie ich mich fühlte, fiel es mir nicht schwer, zu entscheiden, dass ich Geduld einatmen wollte.

Im Gegensatz zu einigen der eher meditativen Praktiken kann diese Übung an jedem beliebigen Ort durchgeführt werden. Ich habe sie während einer Autofahrt gemacht. Dies sind die einfachen Schritte:

1. Wählen Sie eine Eigenschaft, die Sie gerne verkörpern würden.
2. Werden Sie sich Ihres Atems bewusst.
3. Stellen Sie sich vor, wie diese Qualität während des Einatmens tief in Ihren Körper und in Ihre Seele hineingesogen wird. (Manchmal ist es hilfreich, der Qualität eine Farbe zu geben. Für mich hatte die Geduld einen lachsrosa Farbton).
4. Atmen Sie beim Ausatmen jeden Widerstand aus, den Sie empfinden mögen – gegen die Übung, die Qualität, die Umstände oder was auch immer …
5. Atmen Sie tief und bewusst die von Ihnen gewählte Qualität ein, mindestens sieben volle Atemzüge lang oder länger, wenn es Sie beruhigt und zentriert.

Als ich weiter dahinfuhr, während ich bewusst Geduld einatmete, konnte ich urplötzlich das Panorama der schneebedeckten Rocky Mountains vor mir liegen sehen und ich fühlte mich, als hätte mich die Göttliche Mutter mit einem wunderbaren Vorbild an majestätischer Geduld beschenkt. Ich stelle mir gerne vor, dass dieser wunderbare Anblick eine Belohnung dafür war, dass ich eine Qualität in mich eingeladen hatte, die mir genau in diesem Augenblick schmerzlich fehlte, sowie eine Bestätigung, dass solche Bemühungen in Achtsamkeit wunderbare Erfolge bringen können.

Wir nutzen die Introspektion sowie Inspiration, die sich häufig in Achtsamkeitspraktiken finden lassen, um uns selbst besser kennenzulernen und uns dadurch in der Welt zu verwirklichen, wozu wir ja auch geschaffen sind. Uns selbst zu kennen und zu wissen, wonach sich unser Herz und unsere Seele sehnen und was sie geben möchten, das ist eine unserer höchsten Berufungen. Lao tse lehrte, dass „es Weisheit ist, andere zu kennen, jedoch Erleuchtung, sich selbst zu kennen." Alles, was Sie sind und sein können, liegt in Ihnen selbst. Ihre Aufgabe ist es, aufmerksam zu sein und Ihre einzigartige Wesensart behutsam zum Ausdruck zu bringen.

Erkenntnis ist wichtig und kann beflügelnd und sehr befreiend sein. Meine Einsicht, dass ich ein hochsensibler Mensch bin, war beides. Allerdings muss die Erkenntnis, damit Sie nachhaltige Veränderungen in Ihrem Leben bewirken und zur besten und zufriedensten Frau werden, die Sie sein können, sowohl durch achtsame Präsenz als auch durch konstruktives Handeln begleitet werden. Die Praktiken, die Sie in diesem Buch kennenlernen werden, sollen diese Kombination stärken, indem Sie sich das zunutze machen, was ich den Einsichts- → Bewusstheits- → Handlungsfortschritt nenne.

Auch viel beschäftigte Frauen können achtsam sein

Weil wir Frauen die angeborene Fähigkeit besitzen, eine große Bandbreite an Gefühlen, Gedanken und Erfahrungen wahrzunehmen, sind wir geschickt darin, *bewusst* mit mehreren Dingen gleichzeitig umzugehen. Das heißt nicht, dass Sie nie zerstreut oder frustriert wären. Es heißt vielmehr, dass Sie sich noch besser und produktiver fühlen können, wenn Sie aufmerksam, bewusst und ohne zu urteilen im gegenwärtigen Augenblick bleiben. Eigenschaften wie weit gefächertes Bewusstsein und Sensibilität bedeuten, dass Sie bereits hervorragende Mittel besitzen, um ein friedlicheres, liebevolleres und achtsameres Leben zu erschaffen. Mit Hilfe von Bewusstheit und Absicht können Sie *inmitten* der Geschäftigkeit achtsam sein – unter dem Vorbehalt, dass die Geschäftigkeit angenehm und erfreulich ist und kein durch Angst angetriebenes Ständig-Beschäftigt-Sein-Müssen. Beide Arten von Geschäftigkeit werden wir in unterschiedlichen Praktiken im Laufe dieses Buches beleuchten.

Die Absicht als Verbündete

Ihre Gedanken und Absichten vermitteln Ihre tiefsten Wünsche, Bedürfnisse und Ziele an Ihr Unterbewusstes bzw. an Ihre innere weise Persona, deren Aufgabe es ist, Ihnen mehr von dem zu verschaffen, was Sie projizieren. Es ist wunderbar, so eine bereitwillige Freundin zu haben, solange Ihre Gedanken positiv und Ihre Absichten bewusst gefasst sind. Nur allzu oft sind sie es jedoch beides nicht. Viele unserer Gedanken und Absichten spiegeln tief sitzende Ängste, ungesunde Überzeugungen und Vorurteile wider. Wenn wir zum Beispiel befürchten, wir könnten unserem beruflichen Job nicht gewachsen sein, und denken: „Mein Gott, wie blöd kann ich nur sein?" oder „Ich werde es nie schaffen, all das zu lernen!“, dann werden unser Gehirn, unser Verstand und unsere unterbewussten Zentren mit Sicherheit das liefern, was wir bestellt haben – nämlich das Gefühl von Unzulänglichkeit und Dummheit. Und solche Gefühle machen es uns natürlich schwer, uns zu konzentrieren und so rasch und leicht Neues dazuzulernen, wie wir es könnten, wenn wir frei von Angst wären. Oder wenn wir glauben, ungerecht behandelt zu werden, wenn wir an Gefühlen des Betrogenseins knabbern und es uns nach Rache gelüstet, dann wird uns unsere innere weise Persona wiederum bereitwillig dementsprechende Erfahrungen und Gefühle zuführen.

Zum Glück sind Gedanken und Absichten Magnete der Chancengleichheit. Ja, ich möchte sogar meinen, dass sich das Zünglein an der Waage ganz leicht in Richtung von Liebe und Freude neigt. Doch, wir können zwar Negatives anziehen, aber unser wohlwollendes inneres Universum scheint uns tatsächlich eher das Gute zukommen lassen zu wollen als das Schwierige. Folglich ziehen liebevolle, tolerante Gedanken von Annahme und allgemeinem Wohlwollen in Verbindung mit bewussten positiven Absichten mehr Gutes für uns an, als wir uns vorstellen können. Andererseits ziehen ungesunde, auf Angst basierende Gedanken und Absichten ebenfalls mehr von ihresgleichen an. Henry Ford hatte recht, als er sagte: „Ob wir nun denken, dass wir könnten, oder denken, dass wir nicht könnten – beide Male haben wir recht.“

Es ist wichtig, zu wissen, dass unser Unterbewusstes extrem wortgetreu funktioniert, und selbst nicht unterscheiden kann zwischen „wahr“ und „falsch“, „gut“ und „schlecht“ oder „positiv“ und „negativ“. Was immer wir sagen, glauben, denken, befürchten und annehmen, das Unterbewusste wird sein Möglichstes tun, um uns das Betreffende zu liefern. Die wunderbaren Neuigkeiten sind die, dass wir, wenn wir das Wesen unserer inneren weisen Persona kennen, das Verständnis und die Fähigkeit erlangen, die Kraft des Positiven zu nutzen und bewusst lebensfördernde Vorsätze zu fassen – und diese lassen uns zu einem Magneten werden, der unbeirrbar die erwünschten Resultate anzieht.

Absichten können weitreichend oder ganz klein sein. Man kann sich Umfassendes vornehmen, wie etwa „Meine Absicht ist es, eine achtsame Frau zu sein“, oder Absichten für den kommenden Augenblick wie „Meine Absicht ist es, vollkommen auf meine nächsten vier Atemzüge zu achten“.

Umfassend: *Meine Absicht ist es, liebevoller zu werden.*

Ganz klein: *Ich entschließe mich, in diesem Moment _ gegenüber liebevoll zu reagieren (oder ruhig zu bleiben).*

Umfassend: *Meine Absicht ist es, das für meinen Körpertyp gesündeste Gewicht zu halten.*

Ganz klein: *Ich entschließe mich, hier und jetzt auf dieses Stückchen Schokolade zu verzichten.*

Die Absicht ist eine unverzichtbare Verbündete auf Ihrem Weg zu größerer Achtsamkeit. Ein kleiner Schritt, der eine große Wirkung zeigen kann, besteht darin, jeden Morgen einen bestimmten Vorsatz zu fassen, ehe Sie aufstehen und an Ihre Tagesgeschäfte gehen. Man könnte etwa sagen: „Heute werde ich durchweg freundlich bleiben.“ Wenn ich mir Sorgen um jemanden mache, den ich liebe, so lautet eine meiner Lieblings-Affirmationen oder Absichtserklärungen: „Ich gebe _ heute in die Arme der Engel und weiß, dass er oder sie geliebt und beschützt ist.“

Absichten sind wie persönliche Engel, die uns die Richtung weisen und beleuchten, wo wir hin wollen und wie wir in unserem Leben, unseren Beziehungen und unseren Einstellungen sein möchten. Natürlich werden wir, da wir nur Menschen sind, unsere Ziele auch immer wieder verfehlen. Wenn das geschieht, ist es wichtig, dass wir eine engelsgleiche, akzeptierende Haltung einnehmen und uns liebevoll wieder auf den richtigen Kurs bringen. Eine sanfte Korrektur ist sehr viel wirksamer als Kritik und Verurteilung.

Warum sich für die Achtsamkeit entscheiden?

Achtsamkeit ist eines der wirksamsten Mittel, das wir nutzen können, um uns ein „anwenderfreundlicheres“ Gehirn zu erschaffen. Haben Sie je bemerkt, wie rasch sich Ihr Geist an negative Emotionen anhaftet, und wie er sich auf leidvolle Erfahrungen fixiert? Wie gerne er auf schmerzhaften Szenen herumkaut und den Schorf an alten Wunden aufreißt? Ich selbst habe es jedenfalls bemerkt. Und ich habe mich dadurch schuldbewusst und mutlos gefühlt. Und daher bin ich erleichtert und erfreut über die Erkenntnisse der aktuellen Hirnforschung: Unser Gehirn-Geist-Komplex ist so verschaltet, dass er negative Erfahrungen besonders wichtig nimmt – aber ihm kann auch beigebracht werden, positive Erfahrungen schneller und tiefer zu registrieren. Also ade Schuldgefühle, hallo Neuprogrammierung!

Das Gehirn neu programmieren

Es gibt zwar eine Fülle an Forschungsmaterial über das Gehirn-Geist-System, aber die Hauptquellen für die folgenden Informationen habe ich aus dem Online-Kurs „Awakening Joy“ („Die Freude erwecken“) bezogen, der von James Baraz gestaltet wurde und an dem Dr. Rick Hanson als Gastlektor teilgenommen hat. Dr. Hanson hat darin von den Forschungsergebnissen berichtet, die er und sein Partner, Dr. Richard Mendius, in ihrem Workshop „Awakening Your Brain: Tools for Meditative Depth, Peacefulness, Happiness, and Equanimity“ (dt. etwa: „Wie Sie Ihr Gehirn wecken: Werkzeuge zur Erlangung von meditativer Tiefe, Frieden, Glück und Ausgeglichenheit“) unterrichten. Dr. Hanson als Psychologe und Dr. Mendius als Neurologe sind als solche bestens dafür gerüstet, Informationen und Einsichten sowohl über die physisch-medizinischen als auch über die emotionalen und spirituellen Aspekte des Gehirns und des menschlichen Geistes weiterzugeben, welche sie als ein einheitliches Gesamtsystem betrachten.

Wenn Sie mehr Informationen darüber erhalten möchten: Dr. Hanson und Dr. Mendius haben ein Buch zu diesem Thema veröffentlicht: *Das Gehirn eines Buddha*, erschienen im Arbor Verlag 2009.

Weil eine umfassende Darstellung der Forschungsergebnisse von Dr. Hanson und Dr. Mendius den Rahmen dieses Buches sprengen würde, habe ich mit deren Erlaubnis eine vereinfachte Version aus zwei Punkten zusammengestellt, die auf unserem Weg zur Achtsamkeit besonders bedeutsam sind. Den ersten Punkt könnte man als gute und als schlechte Nachricht zugleich betrachten.

Das Gehirn nimmt negative Erfahrungen besonders wichtig

Die „schlechte Nachricht" lautet, dass Mutter Natur unser Gehirn so gestaltet hat, dass es negative, angstbesetzte und unangenehme Erfahrungen tiefer und lebhafter registriert als positive, neutrale oder angenehme. Warum ist das so? Weil sie sich Enkelkinder wünscht. Daher sind wir – ihre Kinder – vor allem aufs Überleben programmiert. Da die Vermeidung von negativen Erfahrungen für das Überleben der Art wichtiger ist, nehmen diese im Allgemeinen eine Vorrangstellung ein. Als Beispiel führt Dr. Hanson an: „Ein einziges negatives Erlebnis mit einem Hund prägt sich dem Gedächtnis tiefer ein als hundert positive. Das Gehirn reagiert auf negative Erfahrungen wie ein Klettverschluss und auf positive wie Teflon."

Wo ist nun die „gute Nachricht" bei dieser Entdeckung? Für mich ist das die Antwort auf meine Frage, warum man so leicht in ein emotionales Loch verfällt, in schlechte Laune gerät, über Fehler nachgrübelt und jede Menge andere „negative" Verhaltens- und Gedankenmuster, die uns von unserer eigenen Zufriedenheit abbringen können; von unserem Seelenfrieden und unserer Fähigkeit, von ganzem Herzen zu lieben und das Leben in dankbarer, freudiger Hingabe zu genießen. Wenn ich weiß, dass mein Gehirn aufs Überleben programmiert ist, kann ich eher verstehen, dass Gott/Mutter Natur mich einfach nur beschützen möchte, indem er/sie es so geschaffen hat.

Und das führt uns zu weiteren guten Neuigkeiten. Es gibt absolut keinen Grund, dass wir uns schuldig fühlen oder uns schämen müssten, wenn wir hin und wieder in eine eher negative Richtung tendieren. Als Psychotherapeutin, Freundin und Frau habe ich die Erfahrung gemacht, dass die meisten Frauen gewohnheitsmäßig dazu neigen, sich selbst die Schuld zu geben. Wenn etwas schiefgeht oder jemand unglücklich ist – auch wir selbst -, dann denken wir oft: „Was habe ich nur falsch gemacht?" Aber wenn wir wissen, dass unser Gehirn einfach nur dazu neigt, das Negative ganz besonders zu betonen, dann können wir einen kollektiven Seufzer der Erleichterung ausstoßen und uns selbst behutsam aus der Schuld-/Schamecke entlassen.

Die beste Neuigkeit bei alldem ist jedoch die, dass wir unser Gehirn so umprogrammieren können, dass es positive Erfahrungen, Überzeugungen, Gedanken und Gefühle stärker wahrnimmt und verinnerlicht.

Positive Erfahrungen werden im Gehirn am besten durch bewusste Beachtung registriert.

Das klingt doch vertraut, oder? Tatsächlich ähneln viele der Schritte, die wir machen werden, damit die Achtsamkeit zu einer festen Angewohnheit wird, ganz auffällig denjenigen, zu denen Dr. Hanson und Dr. Mendius in ihren Workshops anleiten. Deren Forschungsergebnisse bestätigen, dass die Achtsamkeit uns wunderbare Möglichkeiten bietet, unser Gehirn zu unserem Freund zu machen und unseren Geist so umzuerziehen, dass wir mehr Frieden, Freude, Gesundheit und Entspannung anziehen und annehmen können.

Es ist eine liebevolle, pragmatische Entscheidung, sich für die Achtsamkeit zu entscheiden, denn

- Achtsamkeit gibt unserem Leben mehr Wert und mehr Sinn.

- Achtsamkeit hilft uns, bewusst in unserem Leben zu wohnen und es daher vollständiger zu erleben und tiefer zu genießen.
- Achtsamkeit beruhigt unseren Geist, beschwichtigt unsere Gedanken und öffnet unser Herz.
- Achtsamkeit hilft uns zu spüren, dass wir auf dem richtigen Pfad sind, dass wir das Leben richtig leben und dass wir der sind, der wir sein sollen.
- Achtsamkeit bringt das Beste in uns zum Vorschein.
- Achtsamkeit entspannt unseren Körper.
- Achtsamkeit schult unseren Geist um.
- Achtsamkeit vergrößert unsere Wertschätzung und unsere Dankbarkeit.
- Achtsamkeit hilft uns, ungesunde Angewohnheiten zu durchbrechen.
- Achtsamkeit lädt Gleichgewicht und Harmonie in uns ein.
- Achtsamkeit steigert unseren Humor.
- Achtsamkeit vermindert Zerstreutheit.
- Achtsamkeit hilft uns, uns selbst und andere freier und tiefer zu lieben.

Vorteile von Achtsamkeit

Obwohl mich mein Vater in meiner Kindheit als „Aal mit Schlafstörungen" bezeichnet hat und ich manchmal immer noch von einer unangenehm zerstreuenden Energie umgetrieben werde, sehe ich unstrittige Anzeichen dafür, dass die Momente der Achtsamkeit, die ich herstellen kann, in mir das Grundmuster für einen ruhigeren, friedlicheren Geist erzeugen. Das Trommelfeuer von Reue, Scham, Zweifel und Sorge, das mich früher gequält hat, ist einer sanfteren Einstellung von Dankbarkeit, Zufriedenheit und Freude gewichen. Meine alten Angewohnheiten – zu viel zu arbeiten, mich zu wenig auszuruhen und mich selbst an die letzte Stelle zu setzen – verwandeln sich allmählich in die Angewohnheiten einer gesunden Selbstfürsorge.

Einige der entspannendsten und schönsten Vorteile, die ich durch die Achtsamkeit genieße, sind die der Nicht-Anhaftung, des Loslassens und der größeren inneren Leichtigkeit, die ich im 3. Teil noch ausführlicher erläutern werde. Tatsächlich war ich, nachdem ich erst seit relativ kurzer Zeit Achtsamkeit praktiziert hatte, vollkommen überrascht, dass ich den Mut und die Fähigkeit gewonnen hatte, Situationen loszulassen und mit mitfühlender Abgelöstheit zu betrachten, Situationen, die mich jahrelang schwer belastet hatten. Lassen Sie mich hinzufügen, dass die Fähigkeit, etwas liebevoll loszulassen, eine sehr angenehme und befreiende Überraschung ist, eine Überraschung, über die sich andere achtsame Frauen ebenfalls sehr freuen, wie sie mir mitgeteilt haben.

Ich glaube, dass ein sanfter Zugang der „achtsamen kleinen Schritte“ mehr Einfachheit, Liebe, Freiheit und Bewusstheit in meinen Geist, in mein Herz und in mein Leben gebracht hat.

Auch wenn wir keine Mönche sind, sondern viel beschäftigte Frauen, die mit dem Anspruch des „Multi-Tasking“ meist gut zurechtkommen, haben wir die wunderbare Gelegenheit, unser Leben und unser Herz noch glücklicher und erfüllter werden zu lassen, indem wir lernen, auf eine weibliche Art und Weise immer achtsamer zu werden.

Da Sie bereits ein volles, oftmals komplexes Leben führen, habe ich versucht, die Praktiken in diesem Buch um einen Kern kleiner, leicht machbarer Schritte herum anzulegen. Die Praktiken sind ganz einfach und werden Sie hoffentlich zu regelmäßigen, immer länger werdenden Phasen achtsamer Präsenz führen. Sie laden Sie ein, sich zu entspannen, neue Lebenskraft aufzutanken und sich neu zu verbinden mit dem, was Ihre Essenz ist und was das Leben für Sie sinnvoll macht. Jede Übung ist dazu gedacht, Ablenkungen zu überwinden und Ihre Achtsamkeit zu stärken.

Sie werden dazu ermutigt, sanft zu sich selbst zu sein, während Sie allmählich immer mehr in den Genuss der Vorzüge kommen, die aus der Achtsamkeit resultieren. Die Praktiken können so lang oder so kurz ausfallen, wie Sie wollen. In der Hauptsache hoffe ich, dass Sie sie erfreulich und wirkungsvoll finden. Sie sollen Ihnen Spaß machen.

Gehen Sie sanft mit sich um, während Sie sich auf die Reise der Achtsamkeit begeben oder diese fortsetzen. Und vergessen Sie nicht, dass wir alle – auch die Meisterinnen unter uns – immer noch am Üben sind.

Kurz und bündig:

- Durch weibliche Eigenschaften wie Sensibilität und weit gefächertes Bewusstsein sind Frauen auf einzigartige Art und Weise zur Praxis von Achtsamkeit geeignet.
- Achtsamkeit heißt, sich des gegenwärtigen Moments, ohne ihn zu beurteilen, vollkommen bewusst und ganz präsent im Hier und Jetzt zu sein.
- Vier grundlegende Elemente von Achtsamkeit sind: aufmerksam sein, im Moment leben, vereinfachen und atmen.
- Obwohl unser Gehirn so angelegt ist, dass es das Negative besonders betont, kann es umerzogen werden, so dass es das Positive stärker anzieht und aufnimmt.
- Wir entscheiden uns bewusst dafür, ein Leben in Achtsamkeit zu leben, weil uns das zu glücklicheren, liebevolleren, entspannteren und erfüllteren Frauen macht.

Schon einige wenige Momente der Achtsamkeit können die ganze Welt verändern.

TEIL II

Die Praktiken

KAPITEL 2

Mitfühlende Achtsamkeit kultivieren

Mitgefühl für andere beginnt
mit Freundlichkeit zu uns selbst.
PEMA CHÖDRÖN

Schon seit Jahren lehre und schreibe ich, dass ein liebevoller Umgang mit uns selbst nicht nur legitim, sondern in Wahrheit sogar das Saatbeet für ein größeres Mitgefühl mit anderen ist. Trotzdem bin ich immer noch von obigem Zitat von Pema Chödrön, einer amerikanischen buddhistischen Nonne und Lehrerin, sehr berührt. Ihre Botschaft, dass Mitgefühl für andere aus der Freundlichkeit zu uns selbst geboren wird, beruhigt jenen Teil meiner Psyche, der immer noch krampfhaft versucht, die mahnenden Stimmen aus meiner Kindheit zu überhören: „Sei nicht so egoistisch!" Da ich selbst und viele Frauen, mit denen ich spreche, anscheinend die Zusicherung brauchen – zumindest immer einmal wieder –, dass Selbstfürsorge nicht synonym ist mit Egoismus, sollen uns die Praktiken in diesem Kapitel hauptsächlich daran erinnern, dass wir uns selbst ebenso einfühlsam und liebevoll behandeln, wie wir andere behandeln.

Um sich selbst konsequent einfühlsam und liebevoll behandeln zu können, muss man dessen gewahr werden, was in einem selbst und um einen herum vor sich geht. Jede Einsicht und alle Veränderung beginnen mit der Gewahrwerdung. Ohne Gewahrwerdung sind unsere Möglichkeiten begrenzt, und leicht verfangen wir uns wieder in der Falle alter Gewohnheiten und im Wiederkäuen alter Verletzungen. Wenn Sie sich jedoch dessen gewahr sind, was Sie gerade denken und fühlen, können Sie sich bewusst, sanft und liebevoll dafür entscheiden, diejenigen Einstellungen und Verhaltensweisen zu verändern, die nicht mehr länger angemessen oder wünschenswert sind.

Einfühlsame Achtsamkeit ist die Grundlage von Bewusstheit. Durch Achtsamkeit kommt man mit sich selbst in Einklang und kann die Menschen, die Möglichkeiten und ja, auch die Schwierigkeiten, die uns das Leben bietet, stetig mehr wertschätzen. Achtsamkeit ist der erste Schritt in Richtung innerer und äußerer Veränderung.

Beim Atem anfangen

Das Erste, was Sie jemals für sich selbst getan haben, war zu atmen. Um dieses Leben beginnen zu können, mussten Sie jenen ersten Atemzug nehmen, wie erschreckend oder unvertraut sich das auch angefühlt haben mag. Und die bewusste Konzentration auf Ihren Atem bleibt der Inbegriff Ihrer Fürsorge für sich selbst, Ihr ganzes restliches Leben lang. Der Atem ist nicht nur der Starter, sondern auch der Erhalter.

Haben Sie je bemerkt, dass Sie sich angespannt und verkrampft fühlen, wenn Sie unter Stress stehen, überfordert sind oder Sorgen haben? Selbst bei kleineren Aufregungen neigen wir dazu, uns in uns selbst zu verkriechen wie Schildkröten, die sich in die Sicherheit ihres Panzers zurückziehen. Um uns zu schützen, machen wir uns unbewusst so klein, kompakt und hart wie nur möglich, was natürlich zu einer flachen, beengten Atmung führt. Das Beste, was Sie für sich tun können, wenn Sie bemerken, dass Sie kaum noch atmen, ist, einige tiefe, reinigende Atemzüge zu nehmen.

Bei uns zu Hause haben wir eine gewinkelte Einfahrt, die das Hinein- und Herausfahren aus der Garage etwas schwieriger macht. Neulich setzte ich gerade mein relativ neues Auto rückwärts aus der Garage heraus, wobei ich mich heftig darauf konzentrierte, weder die Garagentür noch den Nachbarszaun hinter mir zu schrammen. Als ich diese Leistung erfolgreich hinter mich gebracht hatte, sagte mein Mann schmunzelnd zu mir: „Susie, atmen!“ Er hatte total recht. Ich hatte nahezu aufgehört zu atmen! Ich musste lachen und gleichzeitig tief Atem holen.

Es ist die reine Ironie, dass unser Impuls, uns in kleinen wie auch in großen Krisen zuzumachen und die Atmung einzuschnüren, genau das Gegenteil von hilfreich ist. Flaches Atmen schneidet uns von unseren Kraftquellen ab, während eine tiefe Atmung unser Gehirn besser mit Sauerstoff versorgt, uns in unserem Körper erdet und unsere geistige, emotionale und physische Leistungsfähigkeit erhöht. Allein schon dadurch, dass wir uns daran erinnern, zu atmen, können wir eine nachteilige automatische Reaktion durch eine gesündere ersetzen.

So praktizieren Sie …

- Achten Sie bewusst auf Ihren Atem, ehe Sie morgens aus dem Bett steigen.
- Machen Sie mindestens sieben tiefe, bewusste Atemzüge.
- Danken Sie Ihrem Atem, dass er Sie seit Ihrem allerersten Atemzug bis zum jetzigen Zeitpunkt in Ihrem Leben zuverlässig trägt.

Und im Laufe des Tages …

- Werden Sie sich immer wieder Ihres Atems bewusst und äußern Sie Ihre Dankbarkeit dafür.

Kehren Sie zum Atem zurück.

Innehalten, um zu sehen, zu hören und zu fühlen

Louise, eine Klientin von mir, war Schlafwandlerin und kam in meine Praxis, weil sie mitten in der Nacht einen Häuserblock weit von ihrer Wohnung entfernt aufgewacht war. Als Psychotherapeutin war ich Teil ihres Auffangnetzes, während sie von Arzt zu Arzt wanderte und verschiedene Medikamente ausprobierte. Gemeinsam fanden wir einige Übungen, die ihre schlafwandlerischen Episoden um die Hälfte reduzierten. Eine davon war eine einfache Achtsamkeitsübung.

Wir fingen ganz klein an. Bevor sie einschlief, sprach Louise die Affirmation aus: „Ich werde noch innerhalb des Hauses aufwachen." Natürlich verstärkten sie und ihr Partner diese Ziele und Medikamente durch praktische Maßnahmen, wie etwa vor die Türen gestellte Stühle. Während sie Fortschritte machte, wurde ihre Achtsamkeits-Affirmation zu „Ich werde aufwachen, ehe ich aus dem Bett steige." Und das gelang ihr. Mit Hilfe von Praxis und von Geduld war Louise schließlich in der Lage, alle Medikamente abzusetzen und fast immer normal durchzuschlafen.

Mir war aufgefallen, wie sehr Louises unterbewusstes nächtliches Herumwandern dem Herumhetzen ähnelte, das ich und andere Klientinnen tagsüber an den Tag legten. Ohne bewusste Verpflichtung, ohne Achtsamkeit und Praxis kann man leicht sein ganzes Leben „als Schlafwandler" zubringen. Um aus der Rolle des schlafwandelnden Autopiloten aufzuwachen und das Leben bewusster erleben zu können, müssen wir innehalten, um zu sehen, zu hören und zu fühlen. Weil die Praxis von *Innehalten, um zu sehen-hören-fühlen* nur eine Verlagerung der inneren Einstellung und des Fokus' unserer Bewusstheit darstellt, kann sie jederzeit und überall rasch durchgeführt werden: beim Bügeln, bei der Arbeit am PC, beim Liebesakt, beim Saubermachen des Katzenklos, in der Schule, beim Tanzen, beim Kochen, beim Autofahren …

Pausen zu machen, um wahrzunehmen, was man sieht, hört und fühlt, das ist ein ungeheuer wichtiger Anhaltspunkt für das achtsame Leben. Bereits wenige Minuten der Bewusstwerdung während des Tages können Erstaunliches in Ihrem Gefühlsleben bewirken, und sie können auch eine wertvolle Grundlage zum Aufbau von achtsamen Angewohnheiten schaffen. Wie bei allen diesen Praktiken ist es wichtig, dass Sie alles, was Sie dabei erkennen, liebevoll und sanftmütig annehmen und willkommen heißen.

So praktizieren Sie …

- Werden Sie sich bewusst, wann Sie ins „Schlafwandeln" verfallen sind. (Das könnte der schwierigste Teil der Praxis werden, ehe Sie sich angewöhnt haben, bewusst auf sich zu achten).
- Wachen Sie zu dem auf, was Sie gerade sehen. Wie viel Schönes ist da, das Sie augenblicklich wertschätzen könnten?
- Horchen Sie auf die Geräusche um Sie herum. Suchen Sie sich eines aus, für das Sie dankbar sind.
- Wenn ein Gefühl nach Ihrer Aufmerksamkeit ruft, dann atmen Sie tief in denjenigen Bereich Ihres Körpers hinein, wo das Gefühl sitzt. Führen Sie dem Gefühl Liebe zu, selbst wenn Sie es lieber nicht hätten oder dagegen Widerstand leisten möchten.

Und im Laufe des Tages …

Drücken Sie nach jedem Moment der Bewusstwerdung für die Gaben des Sehens, des Hörens und des Fühlens Dankbarkeit aus – und spüren Sie diese wenn möglich auch.

Halten Sie liebevoll und freundlich inne,
um zu sehen, zu hören und zu fühlen.

Auf Warnsignale achten

Nur allzu leicht vergessen wir, auf uns selbst zu achten, doch dies kann potentiell tödlich sein. Marie, eine junge Frau, die ich sehr gern habe, ist eine alleinerziehende Mutter mit zwei sechsjährigen Töchtern, einer leiblichen und einer adoptierten. Aufgrund einer stressreichen Vollzeitstelle, einer tiefen Liebe und Hingabe an die Mutterschaft, der Fürsorge für die beiden Mädchen, der Kosten und Sorgen durch ihre Dienstreisen und der unterschiedlichen emotionalen Bedürfnisse ihrer Töchter war Marie in die Angewohnheit verfallen, ihre eigenen Bedürfnisse auf Eis zu legen.

Selbst nach Monaten der Schlaflosigkeit und mehreren Panikattacken stellte Marie die Fürsorge für sich selbst immer noch hinter ihre Kinder und ihre Arbeit zurück. Zum Glück erwiesen sich die starken Schmerzen in der Brust und die Atemnot, mit denen sie schließlich in der Notaufnahme landete, nicht als ein Herzinfarkt. Vielmehr war die Einlieferung in die Notaufnahme sogar ein Glücksfall, denn dort gab sich Marie das Versprechen, „besser für mich selbst zu sorgen!" Und seitdem ist sie diesem Versprechen treu geblieben.

Als ehemalige Sportlerin hat Marie das Laufen wieder aufgenommen sowie weitere Formen von Bewegung, die ihre körperliche, geistige und emotionale Gesundheit unterstützen. Sie verschlingt ihr Essen nicht mehr unter Stress, sondern entscheidet sich bewusst für gesunde Essgewohnheiten. Zwei Wochen nach ihrem Versprechen zu mehr Selbstfürsorge sagte Marie: „Die erste Woche war ganz schön hart, aber ich will keine schlechten Angewohnheiten mehr haben und ich kann mich selbst schon sehr viel besser leiden!" Sie achtet weitaus besser auf die Warnsignale ihres Körpers, und wenn sie ein Herzflattern spürt, tritt sie geistig und emotional einen Schritt zurück, atmet und besinnt sich darauf, was ihr wirklich wichtig ist. Weil sie auf ihren Körper hört und liebevoll auf seine Zeichen reagiert, ist das Herzflattern bei ihr seitdem nicht mehr eskaliert.

Nachdem ich Marie gratuliert hatte, fragte ich sie: „Was hilft dir am meisten dabei, dein Versprechen dir selbst gegenüber einzuhalten?“ Ohne zu zögern, antwortete sie: „Achtsam zu sein.“

So praktizieren Sie …

- Nehmen Sie sich ein paar Minuten Zeit, um darauf zu achten, wie sich Ihr Körper anfühlt.
- Atmen Sie, ohne zu beurteilen, in jeglichen problematischen Bereich des Körpers hinein.
- Unterstützen Sie die unangenehmen Bereiche in Ihrem Körper durch Ihr Atmen und fragen Sie sie, was sie von Ihnen benötigen. Die Antworten fallen gewöhnlich so subtil aus, dass Sie Ihre Intuition werden einsetzen müssen, um herauszufinden, was Ihr Körper will und braucht. Doch auch wenn es Ihnen albern erscheint – vertrauen Sie Ihrer Intuition, denn sie ist die Stimme des inneren Wissens.

Und im Laufe des Tages …

- Bekräftigen Sie wiederum Ihre Absicht, auf Ihren Körper zu achten und sich um seine Bedürfnisse zu kümmern.

Sie haben es verdient,
sich selbst an die erste Stelle zu setzen.

Sterne auf uns herabregnen lassen

Parallel zum Gehirn-Geist-Komplex, der so verschaltet ist, dass er das Negative hervorhebt (wie im 1. Kapitel besprochen), neigt sich auch unsere Selbsteinschätzung eher dem Kritischen zu als dem Wertschätzenden. Von mir selbst weiß ich, dass ich an einer Bemerkung, die ich lieber nicht gemacht hätte, herumkauen kann wie ein hungriger Aasgeier, der einen Kadaver in Stücke reißt. Und nach einem solchen Anfall von Selbstkritik fühle ich mich häufig auch wie ein Stück totes Fleisch. Weil mich das stark belastet, führe ich gewöhnlich einen Realitätscheck bei denjenigen durch, die ich verletzt zu haben befürchte. Oftmals erinnern sich die Leute, die ich „verwundet" habe, gar nicht daran, dass ich etwas gesagt oder getan hätte. Oder wenn sie sich doch erinnern und sich geärgert haben, sind sie schnell bereit, zu verstehen und zu vergeben.

Wir können von jenen, die schnell bereit sind, zu verstehen und zu vergeben, viel lernen und folglich beschließen, uns auch uns selbst gegenüber großmütig und vergebend zu verhalten. Ja, eigentlich müssten viele von uns sogar noch einen Schritt weiter gehen und beschließen, das, was sie sagen und tun – oder was sie nicht sagen und tun – positiv zu *würdigen*. Wir können die Angewohnheit, uns selbst zu kritisieren, großmütig durchbrechen, indem wir die liebevollen, klugen und witzigen Dinge hervorheben, die wir sagen und tun. Eine lustige Möglichkeit, die Angewohnheit der Selbstkritik zu überwinden, besteht darin, das Positive an uns selbst zu betonen und zu verstärken, indem wir uns selbst goldene Sternchen verleihen – und zwar selbst für die allerkleinste Errungenschaft! Wenn Sie zum Beispiel gerade mit Depressionen oder Trauer kämpfen, können Sie sich ein goldenes Sternchen dafür verleihen, dass Sie es an diesem Tag aus dem Bett geschafft haben. Wenn die Kinder Sie in den Wahnsinn treiben, verdienen Sie mindestens ein goldenes Sternchen dafür, dass Sie Ihre Stimme *nicht* erhoben haben, auch wenn Sie am liebsten schreiend aus dem Haus laufen und nur zurückkommen würden, um die Kinder im Internet zu versteigern.

Wertschätzung ist das Öl, das das Leben schmiert und unsere Räder leicht und frei am Laufen hält. Ohne Wertschätzung werden sich Ihre Räder zwar weiterdrehen, Sie sind aber anfälliger für Rost aus Ärger und Erschöpfung. Weil eine tiefe Wahrheit in der altbekannten Feststellung liegt, „Wir lehren andere, wie sie uns behandeln sollen“, können Sie andere lehren, Lob auf Sie herabregnen zu lassen, indem Sie es zuerst selbst auf sich herabregnen lassen.

So praktizieren Sie …

- Kaufen Sie sich selbstklebende goldene Sternchen – je größer, desto besser.
- Haben Sie Spaß dabei, sich selbst zu loben, und tun Sie es mit ausschweifender Großzügigkeit.
- Verleihen Sie sich jeden Tag einen oder mehr goldene Sterne für

  … etwas, was Sie gesagt haben

  … etwas, was Sie getan haben

  … etwas, was Sie aus weiser Voraussicht ungesagt oder ungetan gelassen haben

Und im Laufe des Tages …

- Verleihen Sie mindestens einem anderen Menschen verbal (oder real) einen goldenen Stern.

Sie lehren andere, Sie zu schätzen, indem Sie sich zuerst selbst schätzen.

Sich Auszeiten nehmen

Während viele jüngere Frauen sie vermutlich nicht mehr zu hören bekommen haben, bin ich selbst noch mit einer Unzahl an Redewendungen aufgewachsen, wie „Ohne Fleiß kein Preis", „Müßiggang ist aller Laster Anfang" und „Sich regen bringt Segen". Ich muss mir als Kind die in diesen Plattitüden enthaltenen Lektionen zu Herzen genommen haben, denn als Erwachsene war es mir die meiste Zeit nahezu unmöglich, mir selbst tagsüber eine Pause zuzugestehen. Diese Redensarten aus der Kinderzeit hatten mich derart „gehirngewaschen", dass ich häufig eklatante Signale übersah, dass ich z. B. aus der Puste war und eine Pause gebraucht hätte. Infolgedessen war ich oftmals übermüdet, überarbeitet und überfordert, ganz zu schweigen von meiner gewaltigen Wut auf diejenigen in meiner Nähe, die besser auf ihr Energieniveau achteten.

Meine liebe Freundin Bonnie ist ein Mensch, der sich Pausen nimmt und der daher am Anfang unserer Freundschaft meinen Zorn auf sich zog. Ihre Fähigkeit, sich auszuruhen, hat mich aber im Laufe der Zeit ungeheuer wertvolle Lektionen über die Kunst des Pausemachens gelehrt. Bis heute merkt es Bonnie genau, wenn ihre Energie abflaut, und sie geht ihrem Bedürfnis nach Ruhe energisch nach. Sie setzt sich mit einer Tasse Tee ruhig hin, um Energie zu tanken, sie unterbrach einen Workshop, den wir beide geleitet haben, um eine fünfminütige Atempause zu machen, und sie hat sich für einige Minuten aus ihrem eigenen Hochzeitsempfang geschlichen, um sich alleine in der Sonne ein bisschen zu erholen. Ehe ich zugeben konnte, welche Schwierigkeiten ich damit hatte, meine eigene Erschöpfung wahrzunehmen und zu honorieren, habe ich auf Bonnie all diejenigen Etiketten projiziert, mit denen ich selbst versehen zu werden befürchtete, wenn ich mir Erholungszeiten zugestanden hätte. Die Angst, für egoistisch, unhöflich, genusssüchtig oder faul gehalten zu werden, hielt mich davon ab, auf meine eigenen Bedürfnisse zu achten.

Obwohl ich vom Kopf her schon lange weiß, dass es an meinen Energiereserven zehrt, wenn ich über meine Grenzen gehe, und dass mir Ruhepausen guttun, ist diese Erkenntnis erst seit Kurzem in mein Bewusstsein eingesickert. Natürlich gibt es Zeiten, in denen wir uns dafür *entscheiden müssen*, durchzuhalten und zu tun, was getan werden muss. Es ist unermesslich hilfreich, wenn man in diesen Zeiten des Durchhaltens daran denkt, tief zu atmen, und auch sichergeht, dass energiezehrende Phasen durch Zeiten der Ruhe und Erholung ausgeglichen werden.

So praktizieren Sie ...

- Erinnern Sie sich in stressigen Situationen daran, zu atmen, und wiederholen Sie: „Ich liebe mich ... ich liebe mich."
- Machen Sie, sobald Ihr Energielevel unter die für Sie angenehme Grenze absinkt, eine fünf- oder zehnminütige Pause. Atmen Sie tief ein und aus und wenden Sie Ihr Gesicht, wenn möglich, der Sonne zu.
- Wenn Sie sich gerade keine Auszeit nehmen können, legen Sie Ihre Hand auf Ihr Herz und spüren oder empfinden Sie, wie es schlägt.

Und im Laufe des Tages ...

- Gönnen Sie sich die Erholung von mindestens drei kurzen, erfrischenden Auszeiten.

Haben Sie den Mut, sich Auszeiten zu gönnen.

Den Ursprung von Gefühlen aufdecken

Die tiefsten Quellen der Schöpfung sind unsichtbar. Die beiden, die einem sofort in den Sinn kommen, sind Gott und das Denken. Wir genießen in jedem Augenblick die Segnungen und die Schönheit von Gottes Schöpfung, und wir ernten auch unser ganzes Leben lang die Früchte unseres Denkens. Ob unsere Gedanken süße oder saure Früchte erzeugen, das liegt ganz allein an uns. Es ist ein großes Geschenk, wenn wir die Vorstellung, dass unsere eigenen Gedanken der Ursprung unserer eigenen Gefühle sind, vollkommen annehmen können. Und warum? Weil wir die totale Kontrolle über unsere eigenen Gedanken haben und infolgedessen auch die Macht, solche zu wählen, die uns Zufriedenheit bringen, und jene zu verwerfen, die das nicht tun.

Stellen Sie sich Ihren Geist als einen Garten vor und Gedanken als die Samen, die Sie säen. Ständige negative, ungesunde Gedanken der Selbstkritik erzeugen Unkraut und ein Gestrüpp aus Depression, Unzufriedenheit und Angst im Garten Ihres Geistes. Glücklicherweise gilt ebenso sehr das Gegenteil. Wenn Sie konsequent positive, gesunde und konstruktive Gedanken säen, werden Sie eine Ernte wunderbarer Gefühle einbringen wie die der Dankbarkeit, Liebe und Freude.

Das Schwierigste am Ändern von Gedankenmustern besteht darin, sich schädlicher Gedanken bewusst zu sein, noch ehe diese zu ausgewachsenen negativen Gefühlen heransprießen. Ungesundes Denken ist eine sehr hartnäckige Angewohnheit – oftmals eine, die wir während eines ganzen Lebens aufgebaut haben. Doch mit Geduld und Beharrlichkeit lässt sich jede Angewohnheit ändern.

Die Wurzeln von Gefühlsunkraut aufzudecken und zu verändern ist ein Prozess, den ich schon seit Jahrzehnten praktiziere, und doch musste ich erst gestern wieder heftig „jäten". Aufgrund von familiären Umständen, die außerhalb meiner Macht lagen, mir aber dennoch Zeit und Energie raubten, ertappte ich mich beim Gefühl von Ärger und Ungeduld – und war sicher alles andere als liebevoll gestimmt. Kurzum, ich fühlte mich grantig und überrollt.

Gedanken wie „Ach du Schreck, schon wieder beim Schreiben gestört worden“ und „Wann habe ich endlich Zeit für mein *eigenes* Leben und meine eigenen Pläne?“ erzeugten Gefühle von „Ach du arme kleine Überforderte“.

Als ich die schuldigen Gedanken aufgedeckt hatte, änderte ich sie in positive, dankbare um, etwa so: „Welch ein Glück, dass ich eine Familie habe, die mir am Herzen liegt“ und „Ich habe alle Zeit und alle Energie, die ich brauche, um dieses Buch zu Ende zu schreiben.“ Es hat funktioniert. Binnen weniger Minuten wurde „ich Arme“ zu „ich Glückliche“, und die Gefühle veränderten sich dementsprechend.

So praktizieren Sie …

- Wenn ein Gefühl von Schmerz oder Wut aufkommt, nehmen Sie es wahr, ohne ein Urteil darüber abzugeben.
- Decken Sie behutsam den oder die Gedanken auf, die dieses Gefühl erzeugen.
- Beschließen Sie – selbst wenn dies zu simpel erscheint, um Wirkung zu zeigen –, den negativen Gedanken bewusst in einen positiven umzuändern.

Und im Laufe des Tages …

- Wiederholen Sie den positiven Gedanken, den Sie gewählt haben, jedes Mal, wenn sich der negative alte wieder in Ihr Gedächtnis zurückschleicht.

Denken ist der Ursprung von Gefühlen.

Emotionale Folgeschäden verhindern

Immer wenn ich anfange, ein Buch zu schreiben, scheint es der Kobold, der für Schriftsteller in der frühen Phase eines Buchprojekts zuständig ist, sehr komisch zu finden, wenn er mich genau das Gegenteil meines derzeitigen Themas ausdrücken, fühlen und an den Tag legen lässt. Als ich mit dem Buch *So werden Frauen mutig* anfing, hätte ich einen Preis für den „Abwiegler des Jahres" gewinnen können, und am Anfang von *Heart Centered Marriage* (dt. etwa: „*Die Herzensehe*") ging mir alles, was mein Mann machte, gewaltig auf den Wecker. Und um der Form treu zu bleiben: Als ich mit der Zusammenstellung von *Das Abenteuer, du selbst zu sein* anfing, war ich so zerstreut, dass ich mich selbst Prof. Wirrkopf zu nennen begann (obwohl ich weiß, dass das eine üble Selbsttitulierung ist). Mein Mangel an Konzentration bei allem, was nicht dieses Buch betraf, war zwar schon ein bisschen amüsant, aber doch auch richtig frustrierend. Meine Sicherungen wurden dünner und dünner, bis ich schließlich komplett die Beherrschung verlor, als meine Katze meinen heiß geliebten antiken Bambusvogelkäfig zum x-ten Male die Treppe hinuntergeschickt hatte. Katze, Hund und Mann verzogen sich klugerweise in die Sicherheit diverser Räumlichkeiten, während ich schäumend und schnaubend (und Bambusfetzen auflesend) alleine blieb.

Als ich erkannte, dass mein Wutausbruch jede Menge Schaden an meinem physischen und emotionalen Selbst anrichtete, setzte ich mich ins Auto, um bei einer Rundfahrt den emotionalen Folgeschaden zu begrenzen. Da ich auf Zorngefühle bei mir selbst grundsätzlich allergisch reagiere, musste ich meinem brodelnden Magen, meiner zugeschnürten Kehle und meinem schamerfüllten inneren Kind versichern, dass alles in Ordnung sei, ja dass wir in Ordnung seien, obwohl wir gerade wütend waren. Als ich aus dem Auto stieg, um mir eine Cola zu kaufen, geriet ich aus Versehen mit der Hand ins Lenkrad und riss mir den Fingernagel bis aufs Nagelbett ab. Meine erste Reaktion kann hier nicht abgedruckt werden, bis ich bemerkte, welcher Finger der verletzte war. Natürlich der Mittelfinger!

Bis der Nagel wieder nachgewachsen war, besaß ich eine amüsante Erinnerung daran, dass es die emotionalen Folgeschäden nicht wert sind, wenn ich der Wut nachgebe.

In Wirklichkeit erzeugen Gedanken Gefühle, und Gefühle erzeugen sowohl innerliche als auch äußerliche Konsequenzen. Es liegt an uns, zu erkennen, welche von unseren Gefühlen schädlich und welche aufbauend sind. Mit diesem Bewusstsein können wir uns bewusst und behutsam entscheiden, wie wir reagieren wollen, wenn heftige Gefühle aufkommen. Natürlich werden wir uns nicht immer richtig entscheiden, doch in der Regel hilft es, uns von emotionalen Folgeschäden zu befreien, wenn wir uns selbst beruhigen und liebevoll auf uns eingehen.

So praktizieren Sie …

- Wenn Sie einem heftigen Gefühl nachgegeben haben, nehmen Sie dessen Auswirkungen auf Ihren Körper, Ihren Geist und Ihre Emotionen in Augenschein.
- Wenn Sie mit den Nachwirkungen zufrieden sind, verleihen Sie sich selbst ein Goldsternchen.
- Wenn Sie nicht zufrieden sind, lieben Sie sich selbst trotz und während Ihrer Enttäuschung und nehmen Sie sich bewusst vor, wie Sie sich das nächste Mal bei einer solchen Gelegenheit verhalten wollen.

Und im Laufe des Tages …

- Entscheiden Sie sich für Verhaltensweisen und Reaktionen, die Selbstliebe ausdrücken.

Sie sind eine wertvolle und liebenswerte Frau, auch wenn Sie unangenehme Gefühle durchleben.

Annehmen, anstatt abzulehnen

Haben Sie je bemerkt, dass Sie Ihre Persönlichkeit je nach Stimmung oder Gelegenheit so rasch wechseln können wie die Kleidung je nach Wetter? Im einen Augenblick können Sie eine kompetente Karrierefrau sein, im nächsten eine liebende Mutter oder Freundin, nur um sich anschließend in eine zornsprühende Furie zu verwandeln. Wenn das auch bei Ihnen der Fall ist, dann sind Sie nicht verrückt – Sie wechseln lediglich zwischen unterschiedlichen Aspekten Ihrer selbst hin und her, so wie es die Umstände und Gefühle verlangen. Bei uns allen sind zu jedem beliebigen Zeitpunkt mehrere Aspekte oder Unterpersönlichkeiten aktiv. Einige Unterpersönlichkeiten sind gesünder, klüger und weiter entwickelt als andere. Sie können beginnen, an allen Aspekten Ihrer selbst Freude zu haben, indem Sie gewahr werden, wer im Moment gerade das Sagen hat, indem Sie fragen, was dieser Aspekt will und braucht, und indem Sie ihn dann durch Ihre liebevolle Annahme ganz und heil werden lassen.

Rose, eine Klientin, teilte mir mit, dass sie während einer Sitzung, bei der zwei Leute die Redezeit durch unpassende Bemerkungen und Witze an sich gerissen hatten, den Teil in sich, der sich gereizt und ungeduldig fühlte, fragte: „Welche Unterpersönlichkeit bist du?" Vor ihrem geistigen Auge sah Rose eine Comicfigur mit verdrehten Augen und Stachelfrisur, der schlotternde Nervenstränge aus dem Kopf schossen. Auf die Frage: „Was willst du?" schnappte die Figur: „Ich will, dass die endlich das Maul halten!" (Das, was gewollt wird, ist oft nur eine oberflächliche Reaktion, während das, was gebraucht wird, in der Regel ein zentrales Thema der Unterpersönlichkeit darstellt). Als Rose fragte: „Was brauchst du?", lautete die Antwort: „Ich brauche einfach nur, dass du verstehst, wie verrückt mich dieses Gequassel macht." Dem konnte Rose mit Leichtigkeit entgegenkommen und umsorgte ihre Unterpersönlichkeit auf der geistigen Bühne, indem sie ihr sanft die Nervenhaare glattstrich, sie beruhigte und in den Armen hielt und, was am wichtigsten war, sie akzeptierte. Es funktionierte.

Und infolgedessen konnte Rose den Rest der Sitzung mit einem Mindestmaß an Gelassenheit durchstehen.

Wir entscheiden uns ständig zwischen verschiedenen Persönlichkeiten. So würden Sie, selbst wenn Sie gerade absolut am Boden wären, sofort in die Rolle der Helferin schlüpfen, wenn ein Kind blutend und weinend auf sie zugelaufen käme. Es verleiht große Kraft, wenn man seine eigenen Unterpersönlichkeiten kennenlernt, so dass man sich bewusst zwischen ihnen entscheiden kann. Durch Annahme und Verständnis entsteht eine Atmosphäre, in der die eigenen Unterpersönlichkeiten heilen, sich wandeln und ihre positiven Seiten zum Ausdruck bringen können.

So praktizieren Sie …

- Lernen Sie diese Woche eine bestimmte Unterpersönlichkeit kennen. Geben Sie ihr einen Namen.
- Fragen Sie sie, was sie von Ihnen möchte und was sie braucht.
- Geben Sie ihr nach bestem Vermögen das, was sie braucht.

Und im Laufe des Tages …

- Klopfen Sie dieser Unterpersönlichkeit auf die Schulter oder umarmen Sie sie.

Jeder einzelne Aspekt Ihrer selbst ist in sich wertvoll und sinnvoll.

Sanftmütig mit sich selbst umgehen

Welch ein wundersames Kaleidoskop an Widersprüchlichkeiten, Eigenheiten und liebenswerten Eigenschaften wir Frauen doch sind. Viele der Paradoxien und Marotten, die wir an den Tag legen, machen uns in der Tat zu interessanten und angenehmen Mitmenschen. Allerdings gibt es eine Widersprüchlichkeit, die nur zu einem niedrigen Selbstwertgefühl, zu Entmutigung und oftmals zu Depressionen führen kann, und diese besteht darin, dass wir andere sanft und liebevoll behandeln, während wir über uns selbst ständig harte Urteile abgeben. Wir haben aber unsere eigene sanftmütige Unterstützung verdient und brauchen diese auch, denn wir gedeihen am besten, wenn wir uns selbst eine vertrauenswürdige Anhängerin und Cheerleaderin sind.

Vor langer Zeit habe ich das Motto geprägt: „Sei sanft zu dir selbst und zu anderen“, weil ich diese Lektion definitiv selbst zu lernen hatte. Da ich bis heute immer noch Erinnerungshilfen benötige, steht dieser Grundsatz auf meiner Visitenkarte, seit ich selbst meine einzige Klientin war, und auf meinem Nummernschild steht LVGNTLY (engl. Abkürzung für Live Gently; Lebe sanft).

Ich bin davon überzeugt, dass eines der Hauptziele unserer Seele darin besteht, unser wahres, authentisches Selbst kennen und lieben zu lernen und es zum Ausdruck zu bringen – das Leben zu leben und der Mensch zu sein, zu dem wir geschaffen wurden. Allerdings kommt unser wahres Selbst nur dann zum Vorschein, wenn es sich sicher fühlt. Selbstverurteilung, Scham- und Schuldgefühle schlagen unser wahres Wesen in die Flucht. Nur in der Sicherheit sanfter Neugier, Ermutigung und Selbstliebe kann unsere Seele in der Weise erblühen, zu der sie geschaffen ist. Wenn ich mit dem Sinn unserer Seele richtig liege, dann ist es nicht nur liebevoll, wenn wir sanft mit uns umgehen, sondern es ist auch eine spirituelle Pflicht.

Behandeln Sie sich heute, immer und in jeder Hinsicht liebevoll. Es ist das Weiseste und Gefühlvollste, was Sie tun können.

So praktizieren Sie …

- Fassen Sie den Vorsatz, sich selbst sanft und respektvoll zu behandeln.
- Wenn Sie bemerken, dass Sie grob mit sich umgehen, dann halten Sie inne, holen Sie ein- oder zweimal tief Luft, um sich zu sammeln, und danken Sie sich dafür, dass Sie es bemerkt haben.
- Gehen Sie bewusst wieder liebevoller mit sich um.
- Es ist in Ordnung, eine Freundin oder einen Partner zu bitten, Sie daran zu erinnern, gut mit sich selbst umzugehen. Mein Mann Gene sagt: „Ist das eine gute Art, mit sich zu reden, Susie?“, wenn ich meine Vorsätze vergesse. (Obwohl das nervig ist, hilft es mir und bringt mich zum Lachen).

Und im Laufe des Tages …

- Fragen Sie sich: „Ist das eine liebevolle Art und Weise … zu handeln, zu reagieren, mit mir selbst zu sprechen?“ Wenn die Antwort nein ist, dann entscheiden Sie sich für eine sanftere Art.

Sanftmut lässt Ihrer Seele Flügel wachsen.

Bewusstheit durch Haikus fördern

Kreativität jeder Art konzentriert Ihren Geist, beflügelt Ihre Fantasie und nährt Ihre Seele. Schöpferisch tätig zu sein kann uns auch dabei helfen, mehr Verständnis zu entwickeln und Heilungsprozesse zu unterstützen. Kreativität ist Gewahrsamkeit in Bewegung – in intuitiver, künstlerischer Bewegung. Kreative Momente bauen Sie auf, geben Ihnen Energie und das Gefühl, mit sich im Einklang zu sein.

Eine kreative Tätigkeit, die ich schlichtweg liebe, ist das Schreiben von Haiku-Gedichten. Ein Haiku ist eine bestimmte Gedichtform, die aus der japanischen Kultur stammt. Sie ist einfach und kompakt und kann Themen aus der Natur, Gefühle und Erfahrungen ausdrücken. Ein Haiku hat nur drei Zeilen und reimt sich selten. Die erste Zeile umfasst fünf Silben, die zweite Zeile sieben Silben und die dritte Zeile wieder fünf Silben. Der Spaß und die Herausforderung eines Haiku bestehen darin, dass man in nur drei Zeilen ein Bild vor dem geistigen Auge entstehen lässt und dazu bloß 17 Silben braucht.

Haiku bietet uns einen Prozess des Vereinfachens und Destillierens, der eine neue Bewusstheit und ein tieferes Verständnis in unser Herz und in unseren Geist einlädt. Als unsere Familie beispielsweise vor mehreren Jahren aufgrund von religiösen Differenzen ein Zerwürfnis erfuhr, schrieb ich das folgende Haiku und sang es bei einem Workshop vor allen Leuten:

Wölfe stehen da
heulen leis' und laut ins Licht:
Familienlied

Aus Gründen, die ich nie genau in Worte fassen konnte, hat dieses kleine Gedicht einer schwierigen Zeit in meinem Leben den Stachel genommen.

Ein weiterer Vorteil, den ich am Verfassen von Haikus schätze, ist der, dass man es an jedem Ort tun kann. Bei Konferenzen oder im Wartezimmer beim Arzt nutze ich oft das Haiku-Schreiben, um die Ungeduld zu lindern und meine Stimmung zu heben.

Lassen Sie sich durch die Vorstellung, ein Gedicht zu schreiben, nicht einschüchtern. Wenn Sie so ähnlich sind wie ich, dann wird etwa eins von zehn Haikus Bestand haben. Entspannen Sie sich also, genießen Sie es und lernen Sie es vielleicht sogar zu lieben.

So praktizieren Sie …

- Wenn Sie gegen das Schreiben von Haikus Widerstand verspüren, dann ermutigen und unterstützen Sie jenen Teil von Ihnen selbst, der sich sträubt.
- Entwerfen Sie spielerisch ein Haiku, auch wenn es einem Teil von Ihnen widerstrebt.

5 Silben ______________________________

7 Silben ______________________________

5 Silben ______________________________

Und im Laufe des Tages …

- Tun Sie heute einmal oder mehrmals irgendetwas Kreatives. (Es braucht kein Haiku zu sein.)

Werden Sie bewusst.
Seien Sie sanft zu sich selbst.
Geben Sie gut acht.

KAPITEL 3

Im gegenwärtigen Augenblick zu Hause sein

Wenn wir das Wunder einer einzigen Blume klar sehen könnten, würde sich unser ganzes Leben verändern.

DER BUDDHA

Ich erinnere mich lebhaft an ein Erlebnis, als ich vollkommen verstand, was der Buddha meinte, als er sagte, dass der Anblick einer einzigen Blume das Leben verändern könne. Mein Mann Gene und ich führten am Anfang eine Fernbeziehung über den Pazifischen Ozean hinweg. Um die vielen Kilometer zu überbrücken, schickte er mir einmal rote Rosen. Nachdem meine Söhne ins Bett gegangen waren, nahm ich mir die Zeit, mich an den kleinen Details der üppigsten Rose zu erfreuen, erkundete ihre Struktur, ihre Farben und die verschiedenen Formen der Blütenblätter, des Stiels und der Staubgefäße. Zu meiner Überraschung liefen mir Tränen der Freude über die Wangen, und ich fühlte mich von Liebe umfangen und verbunden mit dem Mann, der mir die Rosen geschickt hatte, und auch mit ihrem Schöpfer.

Obwohl meine hingerissene Betrachtung der Rose das Verhalten einer heftig verliebten jungen Frau war, ist diese Erfahrung für mich zu einem unvergesslichen Leitstern geworden, der mich daran erinnert, wie viel Kraft und Freude ein paar wenige wirklich wache Momente schenken können. Noch dreißig und mehr Jahre später kann ich mich klar an jene bestimmte Rose erinnern und erneut das tiefe Gefühl von Wunder und Ehrfurcht in mir emporsteigen lassen, das ich empfunden habe, als ich jene Rose betrachtete.

Ganz offenkundig sind jedoch nicht alle unsere Momente „rosig". Viele sind eher sehr schmerzlich und traurig. Doch was immer der Moment enthalten mag – er ist und bleibt unser Zuhause. Der vietnamesische Mönch Thich Nhat Hanh sagt: „Der gegenwärtige Moment ist der Ort, wo das Leben zu finden ist, und wenn du nicht dort hinkommst, verpasst du deine Verabredung mit dem Leben." Die Praxis der Achtsamkeit kann nicht nur glückliche Momente besonders aufleuchten lassen, sondern sie kann uns auch helfen, einen Funken Verständnis, Dankbarkeit, Ehrfurcht und Hoffnung noch in den schwierigsten Zeiten zu finden.

Indem wir achtsam im gegenwärtigen Augenblick zu Hause sind, halten wir unsere Verabredung mit dem Leben ein.

Den Affengeist zähmen

Als wir auf Hawaii lebten, haben wir einmal ein Restaurant besucht, das sich einer „Affen-Bar“ rühmte. Hinter dem Barkeeper und Reihen von Flaschen befand sich eine Glaswand, die die Besucher vom Geruch und von den Kleckereien der unzähligen Affen abschirmte, die dort lebten. Das unablässige Geschrei, der hektische Trubel und die ruhelosen Rangeleien riefen bei mir ein entschieden unangenehmes Gefühl hervor. Mir taten die Affen nicht nur leid, sondern ihr Verhalten stachelte auch etwas in mir auf, das es mir unmöglich machte, mich zu entspannen und das Essen zu genießen.

Als ich einige Tage später mit einer Klientin redete, schlüpfte mir die Antwort auf meine Erregung ungebeten aus dem Mund. Während wir über ihre Nervosität sprachen, meinte ich: „Es scheint ja, als ob Ihr Geist genauso chaotisch auf Sie einredet wie die Affen in der ‚Pearl City Monkey Bar‘!“ Volltreffer! Der Hauptgrund, warum ich mich von diesen wilden kleinen Äffchen so genervt gefühlt hatte, war der, dass sie mich an mein eigenes rastloses, hyperaktives geistiges Geplapper erinnert hatten.

Nachdem ich die Insassen der Affenbar von Nahem gesehen hatte, erschien es mir vollkommen einleuchtend, dass sich der Begriff „Affengeist“ in der modernen Umgangssprache durchgesetzt hat, besonders in Gemeinschaften mit kontemplativem Hintergrund. Allerdings glaube ich nicht, dass sich der „Affengeist“ nur auf jene bezieht, die sich in der Meditation versuchen, sondern dass er ein Spiegelbild des zerstreuten Wesens unserer ganzen Gesellschaft ist.

Um nicht in den Stress zu verfallen, zu viel zu denken und zu tun, muss man bemerken, wann Gedanken und Handlungen einander zu stören beginnen und man sich zerrissen fühlt. Ganz am Anfang der Zerrissenheit ist der richtige Zeitpunkt, sich behutsam und liebevoll zu einer Vereinfachung zu entschließen. Wenn der Geist übervoll ist und hin- und herspringt, besteht die Gefahr, in einen wirbelnden Strudel aus Pflicht, Verantwortung und Stress hineingezogen zu werden. Durch solch unangenehme Empfindungen überwältigt, verpasst man leicht den Frieden und die Schönheit, die im gegenwärtigen Moment vielleicht vorhanden wären.

Achtsamkeit hilft Ihnen, Ihrem authentischen Selbst gegenüber vollkommen präsent zu sein und Ihr Leben mit wacher Aufmerksamkeit und offenem Herzen zu leben. Eine wunderbare Möglichkeit, Ihr Herz weiter zu öffnen, besteht darin, geduldig und liebevoll mit sich selbst umzugehen, auch wenn Ihr Affengeist unverbesserlich erscheint. Geduld zu bewahren gelingt uns leichter, wenn wir daran denken, dass langjährige Achtsamkeitspraktizierende darauf beharren, dass der Affengeist niemals ein Fait accompli (eine vollendete Tatsache), sondern ein fortwährender, lebenslanger Lernprozess ist.

So praktizieren Sie …

- Nehmen Sie einfach nur wahr, wenn Ihre Gedanken zerstreut umherschweifen und unaufhörlich plappern.
- Konzentrieren Sie sich auf einen einzelnen Gedanken und wiederholen Sie ihn mehrere Male selbst.
- Wenn Sie geistig abschweifen, bringen Sie Ihre Aufmerksamkeit behutsam wieder zu diesen Gedanken zurück.
- Ganz gleich, wie Sie sich mit dem Ergebnis Ihrer Bemühungen fühlen – gratulieren Sie sich dafür, dass Sie geübt haben.

Und im Laufe des Tages …

- Verleihen Sie sich jedes Mal, wenn Sie geistiges Geplapper wahrgenommen und sich neu konzentriert haben, ein goldenes Sternchen.

Beschenken Sie sich selbst durch Ermutigung.

Sich zu einer positiven Einstellung entschließen

In der Zeit, als ich ehrenamtlich in der Hospiz-Seelsorge arbeitete, war ich einmal überwältigt und berührt von der Einstellung eines jungen Paares. Ich war zu ihnen nach Hause gekommen, weil sich Jim, der Ehemann, in der Endphase einer Krebserkrankung befand und sie über die Gestaltung seiner Beerdigung sprechen wollten. Da sie ein junges Paar mit Kindern waren, hatte ich eine düstere, kummervolle Atmosphäre erwartet. Da lag ich falsch. Jims Frau Morgan begrüßte mich an der Tür und sagte lächelnd: „Hallo, kommen Sie doch rein. Das Haus ist das reinste Chaos, weil die Kinder eine Übernachtungsparty veranstaltet haben und in einem Zuckerrausch sind!" Mit Ausnahme des hageren jungen Mannes, der auf einem Pflegebett im Wohnzimmer lag, war die Energie des ganzen Hauses und seiner Bewohner genau die, die man von einem Haus voller überdrehter, von Süßigkeiten berauschter Kinder erwarten würde: laut, turbulent und fröhlich.

Im Laufe der nächsten Wochen lehrten mich Jim und Morgan viele Lektionen darüber, wie man jeden einzelnen Augenblick wertschätzt und das Positive an den Dingen sieht. Natürlich kannten sie auch Zeiten der Niedergeschlagenheit, und Morgan hatte Ängste über die Einsamkeit eines Lebens ohne Jim und darüber, wie sie den Kindern sowohl Mutter als auch Vater sein sollte. Doch unter jeder Freude und jedem Herzschmerz lagen eine unglaubliche Stabilität und die Überzeugung, dass das Leben gut ist. Nach mehreren Wochen fragte ich sie, wie sie es schafften, eine solch positive Einstellung aufrechtzuerhalten. Beide führten jeweils ihre Eltern an, die ihnen beigebracht hätten, das Positive hervorzuheben und in allen Dingen das Gute, Glückliche und Schöne zu sehen. „Das ist uns halt einfach zur zweiten Natur geworden", erklärte Jim einige Tage, bevor er starb.

Obwohl viele von uns vermutlich keine so gründliche Erziehung im Hinblick auf eine positive Einstellung genossen haben, ist es doch möglich, dass wir uns selbst dazu erziehen. Allein schon durch den Entschluss, in allen Dingen und in allen Menschen das Gute, Schöne und Positive zu sehen, werden Sie den ersten und wichtigsten Schritt getan haben, um sich selbst beizubringen, wie man das Positive zur Geltung bringt. Wie mit jedem neuen Wissen ist es auch hier am besten, mit den Grundlagen zu beginnen und sich nicht zu überfordern, indem man erwartet, dass man bereits morgen alles perfekt beherrscht. Fangen Sie langsam an und machen Sie behutsam weiter.

So praktizieren Sie …

- Fassen Sie den Entschluss, positiv eingestellt zu sein und in allen Erfahrungen und Menschen (auch in Ihnen selbst) das Gute, Glückliche und Schöne zu sehen.
- Notieren Sie sich Ihre Absicht an einem Ort, wo Ihr Blick oftmals hinfällt. Visuelle Erinnerungshilfen verstärken unsere Entschlüsse.
- Besinnen Sie sich vor dem Einschlafen auf die positiven Dinge, Gedanken und Gefühle, die Sie während des Tages erlebt haben.

Und im Laufe des Tages …

- Sehen Sie in jeder Stunde einmal das Gute, Glückliche oder Schöne in einer Sache, einem Menschen, einer Erfahrung oder einem Stückchen Natur.

Eine positive Einstellung macht Ihr Herz leichter.

Schönheit im Alltag genießen

Das Universum ist unendlich freigebig. Große Schönheit wohnt an den unerwartetsten Orten und sogar in den herzzerreißendsten Erfahrungen. Wir brauchen einfach bloß nach Schönheit Ausschau zu halten und uns die Zeit zu nehmen, das wertzuschätzen und in uns aufzunehmen, was wir sehen. Ich stimme mit Margaret Wolfe Hungerfords Kommentar überein, „Schönheit liegt im Auge des Betrachters" und möchte hinzufügen, dass Schönheit auch in des Betrachters Fähigkeit zu *sehen* liegt.

Neulich Abend wurde mir unerwartete Schönheit zuteil, als ich mit unserem kleinen Hund Lily auf einem eingezäunten Grundstück neben unserem Haus Gassi ging. Die Fläche liegt etwas abseits von der Straße, ist dürftig mit einigen Felsbrocken „gestaltet", und ihre einzige Zierde besteht in der Mülltonne. Ich erwartete dieselbe Routine wie jeden Abend vor dem Schlafengehen und wurde stattdessen von Schönheit überrascht. Die Straßenlampe, die immer mal wieder an- und ausgeht, warf einen hellen Schein auf die frischen jungen, pelzigen Weidenkätzchen an der Zitterpappel unserer Nachbarn. Sie sahen aus, als seien sie in glitzerndes Eis gehüllt, funkelten und tanzten in der Frühjahrsbrise. Ein ehrfürchtiges „Ahhhh" entwich meinem Mund. Während Lily ihr Geschäft erledigte, schaltete ich das Licht bei uns aus, prägte mir die Schönheit der beleuchteten Weidenkätzchen vor meinem geistigen Auge genau ein und flüsterte ein Dankgebet für diese wunderbare Überraschung an einem so banalen Ort und Geschehen.

Die Schönheit der beleuchteten Zitterpappel wäre zwar schwer zu übersehen gewesen, doch genau das hätte mir geschehen können, wenn ich mir nicht selbst das Versprechen gegeben hätte, ein aufmerksameres, bewussteres und in jedem Augenblick präsentes Leben zu führen.

Damit Sie die Schönheit im Alltag genießen können, brauchen Sie den Wunsch, das Schöne zu sehen, und die Bereitschaft, sich ihr im Herzen zu öffnen. Es hilft, wenn Sie an Ihren Tag herangehen in der Erwartung, mit Schönheit gesegnet zu werden, wohin Sie auch blicken und sich wenden. In jedem Augenblick Schönheit zu erwarten und zu beachten wird Ihnen mehr Schönes schenken, als Sie sich vorstellen können. Das Schöne wertzuschätzen und darin zu baden, das kann Ihre Seele beruhigen, Ihren Körper entspannen und Sie mit Dankbarkeit umhüllen.

So praktizieren Sie …

- Erwarten Sie, Schönheit an den unerwartetsten Orten zu finden.
- Erlauben Sie sich, überall nach Schönheit Ausschau zu halten.
- Genießen Sie und würdigen Sie die Schönheit, die Sie wahrnehmen.
- Erlauben Sie sich, einen bestimmten Aspekt Ihrer eigenen Schönheit wirklich zu *sehen.*

Und im Laufe des Tages …

- Nehmen Sie mindestens eine der alltäglichen Schönheiten von Mutter Natur wahr und würdigen Sie sie.

Schönheit liegt im Auge des Betrachters,
der sie zu sehen erwartet.

Mit Raum umgeben

Nur so zum Spaß: Wo sind Ihre Augen zuerst hingewandert, als Sie auf diese Seite geblickt haben? Wenn Sie zu dem Satz gewandert sind, der von weißem Raum umgeben ist, dann haben Sie den Sinn dieser Praxis bereits verstanden.

Raum betont das, was er umgibt.

Künstlerinnen, Musiker, Eltern, Dekorateurinnen, öffentliche Redner, Tiertrainerinnen, Floristen und Schauspielerinnen sind einige der vielen Menschen, die wissen, wie wertvoll es ist, ihre eigene Kunst durch Stille und Raum hervorzuheben. Jede von Ihnen, die schon einmal ein Foto gerahmt (oder auch nur bewundernd angeschaut) oder eine Einladung in Schönschrift geschrieben hat, weiß, wie man die Aufmerksamkeit auf die entscheidende Stelle lenkt, indem man sie mit Raum umgibt. In Kunstgalerien lässt man zwischen den einzelnen Bildern Platz, damit sich die Betrachter auf jedes einzelne Bild konzentrieren können. Und Musikerinnen, einschließlich unserer Kirchenchorleiterin Kamilla Macar, behaupten, dass es das Zusammenspiel von Klang und Stille sei, das der Musik erst ihre wahre Bedeutung verleiht.

In ähnlicher Weise gelangen Körper und Seele ins Gleichgewicht, wenn man Aktivitäten mit Pausen umrahmt.

Wenn unsere Aufgaben wie an einer endlosen Schnur aufgereiht vor uns liegen, müssen wir sie durchhecheln wie ein Sportler, der bei einem Wettrennen die Hürden nimmt. Springen und sprinten, springen und sprinten, springen und ... Wenn wir hingegen um die Tätigkeiten herum Raum und Zeit haben – und sei es auch nur das allerkleinste Maß, solange dieses bewusst eingeräumt wird –, können wir die Tätigkeiten eher auskosten, in uns aufnehmen und wirklich erleben. Pausen erlauben es der Seele, den Anschluss zum Körper wiederzufinden.

Es gibt zwar einige wenige Frauen, die in der Hektik aufzublühen scheinen, aber die Mehrzahl läuft Gefahr, ihr Immunsystem auszuzehren, die emotionalen Reserven zu erschöpfen und die Nerven aufzureiben, wenn sie zu lange zu schnell laufen.

Werfen Sie einen Blick in Ihren Kalender, Ihren Organizer oder Ihren PDA. Sehen Sie leere Zeilen? Wenn nicht, wie könnten Sie anfangen, Ihre Tätigkeiten mit Raum zu umgeben? Wo würden Sie gerne Pausen machen?

So praktizieren Sie …

- Nehmen Sie sich an einem Tag in dieser Woche nichts oder nur wenig vor. Wenn das nicht geht, dann nehmen Sie sich wenigstens für eine Stunde in den nächsten beiden Tagen nichts vor.
- Genießen Sie den Freiraum, den Sie sich schaffen.

Und im Laufe des Tages …

- Umgeben Sie mehrere Tätigkeiten mit Mini-Freiräumen. Halten Sie zum Beispiel nach jedem Telefongespräch einen Moment lang schweigend inne, oder nehmen Sie sich nach dem Essen ein paar Minuten Zeit, um einfach da zu sein.

Raum betont das, was er umgibt.

Körper und Seele nähren

Wir alle wissen, dass Nahrung ein notwendiger Treibstoff ist, der uns am Leben, agil und gesund erhält. Aus eigener Erfahrung wissen auch viele von uns, dass der Gedanke ans Essen mit einer Menge Ballast befrachtet ist. Die „Hollywoodisierung" von körperlichen Normen, tief sitzende Vorstellungen über unser Gewicht und unsere Attraktivität sowie das Maß an Vergnügen, das wir dem Essen beimessen – all das trägt dazu bei, dass eine regelrechte Hassliebe zum Essen entstehen kann. Essen wir zu viel ... haben wir Schuldgefühle. Essen wir zu wenig ... haben wir Schuldgefühle. Die falsche Art von Ernährung führt zu Völlerei garniert mit Schuldgefühlen und einem Mangel an Wohlbefinden. Eine gute Ernährung hingegen erfordert, dass wir oftmals unsere Geschmacksvorlieben ändern und uns Sorgen über unsere Ausgaben machen müssen. Ich könnte noch lange mit dieser Litanei fortfahren, und ich denke, Sie wohl auch.

Man sagt, dass Achtsamkeit uns eine ganz neue Beziehung zum Essen und zur Nahrung bringen könne, was für mich eine gute Nachricht ist, da ich gerne esse. Essen bedeutet für mich vollkommenes Vergnügen. Ich schüttele verwundert den Kopf – und greife nach der Schokolade –, wenn jemand sagt, er oder sie könne es tun oder lassen und esse eigentlich nur, um zu überleben. Wie bitte? Wie Sie sich vorstellen können, ist mein Gewicht eine ständige Herausforderung für mich. Mit einiger Anstrengung, Bewegung und viel Selbstkontrolle – keine Tugend, in der ich sehr gut bin – bringe ich es normalerweise fertig, mich in ausreichender Nähe zu einem angemessenen Gewicht zu bewegen. Allerdings bin ich momentan aufgrund einiger Verletzungen, die eine sportliche Betätigung für eine Weile eingeschränkt haben, und in Kombination mit dem Trostfaktor des Essens weit von meinem Idealgewicht entfernt.

Ich habe es jedoch aufgegeben, mich schuldig zu fühlen, und arbeite daran, achtsam zu essen, um alte Gewohnheiten zu verändern, neue Nahrungsmittel auszuprobieren und mich gesünder zu ernähren. Wollen Sie mitmachen? Obwohl ich seit Monaten über Achtsamkeit nachdenke, darüber schreibe und von ihr träume, habe ich bis vor einigen wenigen Tagen noch nicht mit ihr gegessen! Nein, mein Gewicht hat sich noch nicht geändert. Nein, ich fühle mich noch nicht kraftvoller oder elastischer. Was sich jedoch geändert hat, das ist die Tatsache, dass ich sehr viel bewusster auf meinen Körper achte und darauf, wie er auf das reagiert, was ich ihm zu essen gebe.

Die folgende Übung führe ich selbst aus, um mich zum achtsamen Essen zu ermutigen. Sie werden zweifellos eine eigene Version finden. Bitte hören Sie auf die Informationen, die Ihnen Ihr einzigartiger Körper mitteilt, und folgen Sie seiner Weisheit.

So praktizieren Sie …

- Entscheiden Sie bewusst, was Sie essen wollen.
- Setzen Sie sich zum Essen hin (aber nicht ins Auto, außer es steht).
- Achten Sie auf jeden Bissen. Kauen Sie langsam.
- Tun Sie beim Essen nichts anderes als essen. Oder führen Sie begleitend nur eine Unterhaltung.
- Seien Sie dankbar für die Nahrung, die Sie zu sich nehmen.
- Achten Sie darauf, wie sich die Nahrung, die Sie essen, auf Ihren Körper auswirkt.

Und im Laufe des Tages …

- Beglückwünschen Sie sich für jede achtsame Wahl beim Essen, die Sie getroffen haben.

**Achtsam gegessenes Essen ist
wie eine Freundin für Körper und Seele.**

Mit dem Atem segnen

Atmen ist die beste Medizin. Es erhält uns nicht nur am Leben, sondern es kann auch negative Denkmuster durchbrechen, neue Vitalität in ermüdete Körperteile bringen, tiefen Schlaf ermöglichen, zitternde Nerven beruhigen und das Gehirn mit Energie und Kraft versorgen, um nur ein paar seiner guten Wirkungen aufzuzählen.

Segnen durch den Atem ist so leicht, wie es wirkungsvoll ist:

- Auf den Atem achten. Werden Sie sich Ihrer Atmung bewusst. Nehmen Sie wahr, wie die Atemluft in Ihre Nasenlöcher ein- und wieder aus ihnen herausströmt.
- Den Atem vertiefen. Lassen Sie Ihren Atem behutsam tiefer werden. Spüren Sie, wie sich Ihr Körper beim Einatmen ausdehnt, und genießen Sie die Entspannung beim Ausatmen.
- Atmend segnen. Sie können Ihren Atem auf jeden und alles ausrichten. Wenn eine Freundin gerade Probleme hat, können Sie ihr beim Ausatmen einen Segenswunsch schicken. Schon etwas so Schlichtes wie „Gott segne dich" oder „Friede deinem Herzen" ist sehr gut. Worte sind nicht einmal notwendig. Es genügt schon der bewusste Wunsch, jemanden durch den Atem segnen zu wollen.

Ich finde es tröstlich, mich selbst durch den Atem zu segnen, wenn ich aus irgendeinem Grunde nervös, sorgenvoll, traurig oder aufgeregt bin. Während ich auf meinen Atem achte, bitte ich dann Gott, dass sein Segen in mich einfließen möge, wenn ich einatme, und dass alles, was ich loslassen muss, beim Ausatmen aus mir ausfließen möge. Positives, Liebevolles einzuatmen und dann das Negative, Schädliche auszuatmen, wirkt in der Regel sehr ausgleichend auf mich.

Wenn mich jemand aufregt und ich zulasse, dass Ärger und negative Gedanken an meiner Psyche nagen, kann ich solch ein mich selbst sabotierendes Verhalten oftmals gut stoppen, indem ich mit dem Atem eine Segnung an diejenige Person aussende, über die ich mich ärgere. Die Entscheidung, zu segnen, anstatt an Ärger und Groll festzuhalten, ist ein Segen an sich. Segnungen auszusenden beruhigt den Geist, besänftigt das Herz und hilft uns, die Gewohnheit zu durchbrechen, unsere Freude durch Ärger oder Gereiztheit überschatten zu lassen.

So praktizieren Sie …

- Nutzen Sie jeden Morgen einige Atemzüge als bewusste Einladung zur Segnung Ihres Körpers, Ihres Geistes und Ihrer Gefühle.
- Wenn Sie an jemanden denken, den Sie lieben, senden Sie ihm zwei oder drei Atem-Segnungen.
- Wenn Sie anfangen, sich über jemanden zu ärgern, atmen Sie Segenswünsche in dessen Richtung aus.

Und im Laufe des Tages …

- Atmen Sie Liebe und Annahme ein und atmen Sie Wohlwollen an andere aus.

Der Atem ist eine natürliche Segnung.

Die Hoffnung am Leben erhalten

Hoffnung ist eine innerliche Aufgabe. Obwohl der Dichter Alexander Pope gesagt hat: „Die Hoffnung entspringt ewiglich der menschlichen Brust", entspringt die Hoffnung rascher und dauerhafter, wenn wir sie bewusst ermutigen und es konsequent üben, die Hoffnung in unserem Herzen und in unserer Seele aufrechtzuerhalten. Um die Hoffnung am Leben zu erhalten, ist es extrem wichtig, dass wir genau überprüfen, was wir uns sehen, hören und fühlen lassen, insbesondere was die modernen Massenmedien betrifft. Weil unser Unterbewusstsein nicht nur unsere persönlichen Erfahrungen für real hält, sondern auch die, die wir beobachten oder uns lebhaft vorstellen, ist es unsere Aufgabe, bewusst und weise auszuwählen, was wir uns anschauen und was wir lesen wollen.

Da sich visuelle Bilder tief in die Psyche einprägen, können die von den Medien bevorzugt gelieferten beunruhigenden Bilder und Berichte wie eine emotionale Säure wirken, die das Leid und den Schmerz, die wir mit ansehen, in unsere eigene Seele einätzt. Solche Bilder können unserem Reservoir an Hoffnung den Garaus machen. Daher ist es weise, sich der Sensationsgier nur sehr begrenzt auszuliefern. Lassen Sie sich informieren, soweit Sie es für nötig halten, aber lassen Sie sich nicht deformieren durch Überstimulation und Übererregung.

Hoffnung ist so wichtig, weil sie das sprichwörtliche Licht am Ende eines jeden dunklen Tunnels ist, vor dem wir stehen. Hoffnung ist das Ruder, das uns vorwärtsbringt und uns weiter an die Schönheit, die Liebe und das Überleben glauben lässt, selbst wenn unsere eigenen Wasser ungeheuer rau werden. Hoffnung macht es leichter, den Kopf über Wasser zu halten, wenn wir die stürmische See durchqueren. Hoffnung lässt das normale Alltagsleben freundlicher und leichter werden.

Meine Freundin Anne ist uns ein großes Vorbild, wie man in schweren Zeiten die Hoffnung behalten kann. Während der unvermeidlich dunklen Tage ihrer aggressiven Brustkrebsbehandlung hat sie ganz bewusst der Hoffnung den Hof gemacht. Hilfe von anderen zuzulassen (keine leichte Aufgabe für sie) und das berühmte Gebet von Juliana von Norwich zu rezitieren: „Alles wird gut sein und alles wird gut sein, und aller Art Dinge wird gut sein“, das waren zwei ihrer wichtigsten Mittel, um die Hoffnung zu nähren. Anne hatte sich auch bewusst entschieden, vom Krebs zu lernen, anstatt dessen Opfer zu sein, und sie hat sich aufgrund dessen immer wieder außerordentlich wertvolle Fragen gestellt, wie „Welche Lektion lerne ich hierdurch?“ und „Was will der Krebs mir sagen?“ Nach dem Abschluss ihrer Operation und ihrer Behandlung stand Anne vor der Kirchengemeinde und erzählte uns ihre Geschichte voller Würde und Dankbarkeit. Ihre eigenen Augen waren wahrscheinlich die einzigen, die dabei trocken blieben.

So praktizieren Sie …

- Versprechen Sie sich, die Hoffnung in Ihrem Herzen und in Ihrer Seele am Leben zu erhalten.
- Wenn Sie sich im Dunkeln wiederfinden, suchen Sie sich hier und jetzt ein Lichtlein, ein Fünkchen oder einen Silberstreif am Horizont.
- Schauen Sie ganz bewusst auf die positive Seite.

Und im Laufe des Tages …

- Nehmen Sie sich dreimal am Tag einen Augenblick Zeit, um ein Fünkchen Hoffnung in der Natur, in Ihrem eigenen Leben, Ihrem Zuhause oder im Leben einer Freundin oder eines geliebten Menschen zu finden.

Hoffnung ist ansteckend. Bitte geben Sie sie weiter.

Mit radikaler Weisheit rebellieren

In unserer schnelllebigen, von der Zukunft besessenen Gesellschaft ist es ein Zeichen radikaler Weisheit, wenn wir uns bemühen, in jedem Augenblick ganz da zu sein. Ja es ist sogar eine subtile Form von Rebellion gegen den Status quo, der alles andere ist als bewusst.

Ich weiß nicht, wie es bei Ihnen ist, aber mir als hingebungsvoll „gutem Mädchen" sagt ein gewisses Maß an Rebellion zu. Achtsamkeit als Rebellion ... das gefällt mir! Wenn Sie und ich eine Revolution der Achtsamkeit in unserem eigenen Leben beginnen würden, wer weiß, wohin das führen könnte? Könnten wir, wenn wir ein zunehmend achtsames Leben führen, noch Kriege gutheißen – und zwar sowohl persönlich als auch global? Könnten wir es noch zulassen, dass Kinder verhungern müssen? Könnten wir im Angesicht von Unrecht ruhig bleiben? Könnten wir jene, die wir lieben, als Selbstverständlichkeit betrachten? Könnten wir, wenn wir aktiv mit der radikalen Weisheit des bewussten Lebens im Augenblick verbunden sind, uns selbst noch schlecht behandeln? Ich glaube nicht.

Wir Frauen sind wunderbar kraftvoll und weise und außerdem weitaus einflussreicher, als wir es uns vorzustellen wagen. Was natürlich auch heißt, dass Sie kraftvoll, weise und einflussreich sind. Wie bei allen lohnenswerten Unterfangen beginnen auch das Bewusstwerden und das Annehmen Ihrer eigenen radikalen Weisheit in Ihrem Inneren. Wenn Sie darauf achten, wie viel Weisheit, Würde und Mut Sie jeweils im Moment an den Tag legen, eröffnet sich Ihnen eine wahre Schatzkammer an Einsichten in Ihre eigenen unglaublichen Fähigkeiten, und Sie gewinnen den Wagemut, auf bewusste, friedliche Weise zu rebellieren.

Achtsam erlebt können auch schwierige Zeiten sehr erhellend und bereichernd sein. Sie können Ihnen helfen, sich selbst besser kennenzulernen, Ihre eigene Stärke und Weisheit tiefer wertzuschätzen und Ihre Fähigkeit zum Mitgefühl zu vergrößern.

Der gegenwärtige Moment ist Ihre Heimat, Ihr Trost, der einzige Ort und die einzige Zeit, wo Sie Ausgeglichenheit, Glück und Stärke finden können. Wenn Sie sich in jeden Moment hineinbegeben, so wie er wirklich ist – nicht wie Sie ihn gerne hätten –, dann können Sie Ihr Leben in all seiner Traurigkeit und all seinem Glanze ganz und gar würdigen.

So praktizieren Sie …

- Setzen Sie sich während einiger Atemzüge still hin und seien Sie sich des Moments bewusst, ganz gleich, was er enthält oder wie er sich anfühlt.
- Notieren Sie sich drei Punkte bezüglich dessen, in welcher Form Sie jetzt gerade weise sind (dazu ist es nicht unbedingt notwendig, weise zu handeln).
- Bitten Sie mindestens einmal am Tag um Führung im Gebrauch Ihrer Weisheit. Atmen Sie Führung ein, atmen Sie Widerstände gegen Ihre eigene Kraft und Macht aus.

Und im Laufe des Tages …

- Sprechen Sie ausatmend mehrmals die Bekräftigung aus: „Meine Weisheit ist ein Segen für mich und für die Welt“. Sie brauchen diese Feststellung nicht zu glauben. Bleiben Sie einfach dabei, sie mit soviel Nachdruck wie möglich zu wiederholen, dann können Wunder geschehen.

Radikale Weisheit erblüht,
wenn machtvolle Frauen Achtsamkeit praktizieren.

KAPITEL 4

Die Vorzüge eines ruhigen Geistes genießen

Wir wollen ruhig sein. Wir wollen glücklich sein. Wir wollen still sein. Gottes heiliger Friede umgibt mich von allen Seiten. Wenn ich still bin, spiegelt er sich in meinem Innern.

HUGH PRATHER

Gemeinsam mit Freundinnen, die sich ebenso wie ich darum bemühen, achtsamer zu leben, habe ich mich darüber amüsiert, dass wir vielleicht besser vorankommen würden, wenn wir eine neue 12-Schritte-Gruppe namens ASA gründen würden: Die Anonymen Stimulations-Abhängigen. In meinem Leben hat es sicherlich Zeiten gegeben, in denen ich davon profitiert hätte, in eine Selbsthilfegruppe zu gehen und dort meine Abhängigkeit von der emotionalen Achterbahnfahrt aus Dramen, emotionaler Verletzung und ständigem Aktivismus zuzugeben. Als jüngere Frau hatte ich das große Glück, eine eigene ASA-Sponsorin in Gestalt von Annabelle Woodard zu haben, meiner spirituellen Mutter und Mentorin. Annabelle hat mir sanft aufgezeigt, dass ich süchtig nach Stimulationen war. „Dein Geist ist ständig in Aufruhr, Sue, und dein Leben ist wie eine Achterbahnfahrt – von den höchsten Höhen zu ebenso extremen Tiefen!" Natürlich leugnete ich das zu jener Zeit unter heftigem Protest. Doch natürlich hatte sie recht.

Obwohl ich mich jetzt als eine genesende „Dramakönigin" sehe, bedarf es immer noch konsequenter Aufmerksamkeit, damit ich nicht in den Strudel der verschiedenen Stimulationen hineingezogen werde, nach denen unsere ganze Gesellschaft süchtig zu sein scheint. Für mich und viele andere Stimulations-Abhängige ist Achtsamkeit ein wunderbares Gegenmittel. Mit Hilfe von Achtsamkeit können wir uns befreien von den gewohnheitsmäßigen Feuersbrünsten des geistigen und gefühlsmäßigen Chaos, von maßloser Geschäftigkeit und von den lähmenden Zuständen der Angst, der Sorge und der Schuld.

In diesem Kapitel möchte ich einige der Vorzüge eines ruhigen Geistes herausheben. Mit folgenden Qualitäten werden wir uns befassen: mit Klarheit, Gleichmut, Entscheidungsfähigkeit, Toleranz, Optimismus, Weisheit, Ehrfurcht, Offenheit und innerer Weite. Das Üben dieser Qualitäten kann Ihnen dabei helfen, glücklich und still zu werden und hoffentlich sogar den Frieden Gottes unserer arg bedrängten, aber dennoch wunderschönen Welt und ihrer Bewohner widerzuspiegeln.

Klar sehen

Gefühle von Verwirrung, Zwiespalt und Vernebeltheit sind unglaublich unangenehm. Wenn wir in den Klauen solcher Gefühle stecken, wollen wir zwar weitergehen, haben aber nicht die geringste Ahnung, in welche Richtung. Wir sehnen uns nach der Erleichterung, eine gute Entscheidung zu treffen, können uns aber nicht entschließen, welche die richtige ist. Wir wollen zwar eine Wahl treffen, doch jede Seite hat ihr Für und Wider, und wir bringen es einfach nicht fertig zu sagen: „Das ist die richtige!"

Wenn Ihnen das vertraut vorkommt, was ist dann zu machen? Nichts. – *Nichts!?* Ja wirklich, nichts. Vor vielen Jahren hat mich die herausragende Psychiaterin Dr. Elisabeth Kübler-Ross, die die Themen Trauer, Tod und Sterben in die Öffentlichkeit gebracht hat, mit einem kleinen Buch von Grace Cook bekannt gemacht, das den Titel trägt *The Quiet Mind* (1972; dt. Titel: *In der Stille liegt die Kraft*). Sie sagte mir, es sei das Einzige, was ihr wirklich helfe, ihren Geist zur Ruhe zu bringen. Wenn schon Elisabeth, diesem Dynamo an unablässiger Energie, dieses Buch geholfen hatte, dann musste ich es auch haben. *The Quiet Mind* ist eine Sammlung kurzer Texte des spirituellen Lehrers White Eagle. Meine Lieblingspassage – die ich gerne lese, wenn ich das Buch einfach so zur Hand nehme – lautet: „Wenn du nicht weißt, was du tun sollst, dann tue nichts." White Eagle sagt weiter, dass wir unseren Geist still werden lassen und nicht aus der Verwirrung heraus handeln sollten. Er ist der Überzeugung, dass Klarheit und richtiges Handeln am ehesten aus den Tiefen eines stillen, gelassenen Geistes aufsteigen können. Ich habe festgestellt, dass das wirklich stimmt.

Natürlich besteht die achtsame Vorgehensweise beim Nichtstun, wenn man sich im Unklaren fühlt, nicht wirklich darin, nichts zu tun. Um Klarheit zu erlangen, atmet man. Man wartet. Man bittet um Klarheit. Man sitzt in Stille und lädt den Geist ein, sich zu sammeln. Man visualisiert Klarheit. Man akzeptiert sich selbst genauso, wie man in diesem verschwommenen Augenblick ist. Man vertraut darauf, dass die Klarheit kommen wird. Und man richtet seine Aufmerksamkeit auf das Auf und Ab des gegenwärtigen Augenblicks. Ins Hier und Jetzt zurückzukehren durchbricht das gedankliche Räderwerk, das unweigerlich mit Verwirrung und Zweifel einhergeht.

So praktizieren Sie …

- Nehmen Sie es ohne jede Beurteilung wahr, wenn Sie sich unklar oder verwirrt fühlen, und widerstehen Sie dem Impuls, aus der Unsicherheit heraus zu handeln.
- Sitzen Sie einige Minuten lang still mit geschlossenen Augen da und konzentrieren Sie sich so vollkommen wie möglich auf das Einströmen und das Hinausfließen Ihres absolut verlässlichen Atems.
- Bekräftigen Sie während der folgenden Atemzüge (bitte mindestens sieben Mal) im Stillen: „Ich weiß, dass ich weiß“, wenn Sie einatmen, und sagen Sie „Danke!“ beim Ausatmen.

Und im Laufe des Tages …

- Singen Sie den Refrain von aufbauenden Songs, z. B. Johnny Nashs Oldie „I Can See Clearly Now, the Rain is Gone“ („Jetzt sehe ich klar, der Regen ist vorbei!“).
- Wiederholen Sie, wann immer es Ihnen einfällt oder wenn Sie anfangen, sich beunruhigt zu fühlen: „Ich weiß, dass ich weiß“ oder „Ich vertraue darauf, dass ich weiß“.

Sie wissen es.

Gleichmut erfahren

Wenn man das Wort „equanimity" (engl. für „Gleichmut") hört, mag man an Zustände wie geistige oder emotionale Gefasstheit und Stabilität in allen Lebenslagen, geistige Stetigkeit unter Stress oder Anspannung oder an Ruhe und Ausgeglichenheit denken. Einige meiner eigenen Definitionen lauten: die Vorstellung davon loslassen, wie etwas sein „sollte"; die Dinge grundsätzlich so hinnehmen, wie sie sind, und sich nicht übermäßig in etwas hineinsteigern, besonders nicht in Dinge, über die man keine Kontrolle hat.

Da ich Worte liebe, gefällt mir das englische Wort „Equanimity" (Gleichmut) ganz besonders. Es klingt wunderbar fließend und erinnert mich an einen gemächlichen Gebirgsbach, der sich ohne Eile auf die Wiedervereinigung mit seinem Ursprung zubewegt. Nichts kann solch einen Fluss behindern oder ihn stören. Im Angesicht von Hindernissen leistet er keinen Widerstand und gibt auch nicht reumütig auf, sondern er sucht sich entschlossen und friedlich einen Weg, wie er seine Reise fortsetzen kann.

Viele Frauen, mich selbst eingeschlossen, kommen nicht schon von Natur aus als gleichmütige, ruhig fließende Wesen auf die Welt, die unter allen Umständen friedlich und gelassen bleiben können. Einige von uns empfinden sich eher wie ein sturmgepeitschtes Meer als wie ein friedlich dahinziehender Fluss. Auch Lori, meine Zahnhygienikerin, war früher wie eine aufgewühlte See. „Früher habe ich mich fürchterlich über die Unterschiede zwischen mir selbst und den anderen aufgeregt und zugelassen, dass ich mich darüber ärgere und gräme und mich dadurch von den anderen trenne", berichtete sie mir. „Aber jetzt bin ich ein vollkommen anderer Mensch geworden. Obwohl sich meine Lebensumstände nicht geändert haben, haben sich meine Einstellungen und Gefühle ganz gewaltig verändert! Und mein Blutdruck ist auch niedriger geworden."

Wie hat Lori diese Veränderung geschafft? Durch das Praktizieren von Meditation und Achtsamkeit. Obwohl Lori täglich mindestens 40 Minuten lang meditiert, manchmal sogar bis zu drei Stunden lang, betont sie, dass konsequentes Üben wichtiger sei als dessen Dauer. Ich hoffe, dass sie damit recht hat, denn die Wenigsten unter uns werden stundenlang meditieren wollen, und wir alle werden immer wieder mal achtsam sein und dann wieder nicht. Zum Glück können wir immer wieder Gleichmut in unser Leben und in uns selbst einladen, indem wir zur Achtsamkeit zurückkehren und uns selbst konsequent das Geschenk von stiller Zeit machen.

So praktizieren Sie …

- Akzeptieren Sie sich selbst, genau, wie Sie jetzt gerade sind, ob wild und stürmisch oder still und friedlich.
- Fassen Sie die Absicht, Ihren Geist zur Ruhe zu bringen und sich einer Haltung des Gleichmuts anzunähern.
- Stellen Sie sich mit sanft geschlossenen Augen Ihren Atem als eine sanfte Wellenbewegung aus stillem, kühlem Wasser vor. Lassen Sie sich von der sanften, süßen Bewegung beruhigen.

Und im Laufe des Tages …

- Reiten Sie einige Augenblicke lang bewusst auf den sanften Wellen Ihres Atems, mindestens zwei- bis dreimal täglich. Das kann auch eine gute Möglichkeit sein, sich in den Schlaf zu wiegen.

Atmen Sie sich ruhig und gelassen.

Die beste Entscheidung treffen

Entscheidung bedeutet Freiheit. Wie bei den meisten Freiheiten bringen auch Entscheidungen große Verantwortung mit sich. Wir möchten Entscheidungen treffen, die in Einklang mit unseren Herzenswünschen sind und uns in die richtige Richtung führen. Außerdem sind wir als Frauen gewöhnlich sehr darauf bedacht, Entscheidungen zu treffen, die auch für jene gut sind, die wir lieben.

Tag für Tag haben wir etliche Gelegenheiten, Vorlieben kundzutun, verschiedene Möglichkeiten zu erwägen und zwischen Alternativen zu wählen. Die meiste Zeit fällt uns die Entscheidung nicht schwer. Müsli oder Ei? Jeans oder Rock? Andere Entscheidungen können das ganze Leben verändern. Kinder kriegen oder nicht? Diesen Job annehmen oder jenen? Operation, Chemotherapie oder naturheilkundliche Behandlung?

Einfache Entscheidungen sind nicht schwer und werden oft automatisch gefällt. Schwierige Entscheidungen hingegen sollten aus der Klarheit eines ruhigen Geistes heraus getroffen werden.

Nachdem bei ihr Krebs festgestellt worden war, stand meine liebe Freundin Catherine vor einer Wand aus Entscheidungen. Natürlich wollte sie so entscheiden, dass sie die beste Aussicht auf Genesung haben würde, und auch das tun, was ihrem Mann, ihren Töchtern und ihrem weiteren großen Familienkreis ein Mindestmaß an Trost und Beruhigung bringen würde. Obwohl sie eine außergewöhnlich klar denkende und eigenständige Frau ist, machte Catherine verständlicherweise einige Verwirrung durch, während sie ihre Möglichkeiten überdachte und aussortierte, mit ihren eigenen Gefühlen zurechtzukommen versuchte und bei alledem auch noch auf die Gefühle anderer Rücksicht nahm.

Als Antwort auf meine Nachfrage, für welche Behandlungsmethode sie sich nun entschieden habe, erwiderte Catherine: „Irgendwann musste ich einfach allen sagen – auch der Familie und den Ärzten –, dass sie mich eine Weile in Ruhe lassen sollten. Ich musste allein sein, um herauszufinden, was ich selbst eigentlich dachte und fühlte." Sie kehrte von einem stillen Wochenendretreat zurück „und wusste in meinem Herzen, was ich zu tun hatte".

Jedes Mal, wenn ich Catherine während und nach ihren Behandlungen besuchte, befolgten wir ein kleines Ritual. Zuerst fragte ich sie, wie es ihrem Körper ginge, und sie gab mir so weit Auskunft, wie sie wollte. Dann fragte ich sie, wie es ihrem Herzen ginge. Unweigerlich lautete ihre Antwort: „Meinem Herzen geht es gut. Meinem Herzen geht es immer gut." Obwohl das Ergebnis nicht das war, was wir erhofft und wofür wir gebetet hatten, wankte Catherine in ihrem Seelenfrieden nie. Zum Teil deshalb, da bin ich mir sicher, weil sie ihren Geist derart zur Ruhe gebracht hatte, dass sie ihrem Herzen folgen konnte.

So praktizieren Sie …

- Wenn Sie ernsten Entscheidungen gegenüberstehen, achten Sie gut auf jenen Teil in Ihnen, der Angst hat, wütend oder verletzt ist, und nähren Sie ihn auf eine Weise, die ihm gut tut. Vergessen Sie nicht, liebevoll mit sich zu sein, anstatt Urteile über sich abzugeben.
- Nehmen Sie sich Zeit zum Alleinsein. Atmen Sie heitere Ruhe und Frieden ein. Atmen Sie Angst und Verwirrung aus.
- Atmen Sie sanft, aber tief in Ihr Herz hinein und bitten Sie es, Ihnen dabei zu helfen, die richtige Entscheidung zu treffen.

Und im Laufe des Tages …

- Richten Sie Ihre Achtsamkeit auf Ihr Herz und atmen Sie Frieden, Ruhe und Stille hinein.

Ein stiller Geist erlaubt es Ihnen, vom Herzen her zu entscheiden.

Toleranzgrenzen nach oben verschieben

Wir werden bei dieser Praxis zwei Arten von Toleranz erkunden: die Toleranz gegenüber lebenden Wesen und die Toleranz gegenüber Umständen und Gegebenheiten. Die Toleranz gegenüber lebenden Wesen, uns selbst mit eingeschlossen, besteht in einer Haltung von Akzeptanz und Fairness in Verbindung mit ehrlichem Respekt. Die Toleranz gegenüber äußeren Umständen ist unsere Fähigkeit, ungünstige Gegebenheiten hinzunehmen, die die ganze Bandbreite von leicht irritierend bis katastrophal einnehmen können.

Was hat ein ruhiger Geist also mit Toleranzgrenzen zu tun? Einiges. Wenn unser Geist wie auf glühenden Kohlen sitzt, wird er automatisch auf gewohnheitsmäßige Einstellungen, Gefühle und Verhaltensweisen zurückgreifen, um möglichst schnell zur nächsten Sache übergehen zu können. Ein ruhiger Geist hingegen ist sich bewusst, dass es auch Alternativen gibt, und er hat die Freiheit, zwischen diesen zu wählen. Ein kleines Beispiel dafür ist mir heute Vormittag passiert. Auf der Fahrt zu einem Baseballspiel meines Enkels fuhr ein junger Mann in einem Lastwagen penetrant dicht auf mich auf. Bevor ich mit der Praxis von Achtsamkeit angefangen hatte, war Drängelei im Straßenverkehr eines meiner „beliebtesten" für mich unerträglichen Ärgernisse gewesen. Nun ja, um die Wahrheit zu sagen, ich war auch heute Vormittag einige Minuten lang reichlich verärgert, bis ich mich darauf besann, meinen Geist zur Ruhe kommen zu lassen.

Ein ruhiger Geist kann uns in den jeweiligen Moment zurückbringen und uns die Augen dafür öffnen, was gerade wirklich geschieht. Lässt der Fahrer, der so dicht auffährt, meine Fahrt wirklich unerträglich werden? Nein. Ist er ein egoistischer, rücksichtsloser, chauvinistischer Rüpel, den man nicht auf die Straße lassen sollte? Vermutlich nicht. Inzwischen musste ich lächeln und schalt mich selbst sanft dafür, dass ich so schnell in alte Gedankenmuster zurückrutschte und ihretwegen in Aufregung geriet.

Es war ein wunderbares Gefühl, mich darauf zu besinnen, dass die Situation auch anders gesehen und erlebt werden konnte. Aus Spaß erfand ich eine neue Geschichte; eine, in der der schurkische Rüpel zu einem hingebungsvollen Ehemann und Vater wurde, der sich aus irgendeinem wichtigen Grund beeilte, rasch zu seiner Familie heimzukommen. In Anbetracht meiner neuen Toleranz gegenüber „Herrn Drängler“ verspürte ich tatsächlich eher den Wunsch, ihm eine kleine Segnung zukommen zu lassen statt der Geste, die ich ursprünglich beabsichtigt hatte.

Ein ruhiger Geist ist ein friedlicher Geist. Die stetige Ruhe eines stillen Geistes verleiht einem die Fähigkeit, sich darauf zu besinnen, dass Toleranz am ehesten im Hier und Jetzt des gegenwärtigen Augenblicks aufzubringen ist.

So praktizieren Sie …

- Wenn Sie spüren, dass Sie intolerant oder verärgert sind, dann holen Sie Ihre Aufmerksamkeit in den gegenwärtigen Moment. Spüren Sie Ihre Füße auf dem Boden und werden Sie sich Ihres Atems bewusst.
- Wenn Sie feststellen, dass in Ihrem Kopf ein negativer „Film“ abläuft, verwandeln Sie ihn spaßeshalber in ein positives Schauspiel oder in eine Komödie.
- Schicken Sie eine kleine Segnung an die Ursache der Irritation oder der Intoleranz.

Und im Laufe des Tages …

- Spüren Sie Ihre Füße und den Untergrund, auf dem sie stehen.

Die Toleranz ist eine Cousine des Mitgefühls.

Einen augenzwinkernden Optimismus kultivieren

Die meisten von uns haben schon einmal von den Schwarzen Löchern gehört, die durch unsere Galaxie wandern. Wir wissen zum Beispiel, dass ein Schwarzes Loch gierig jeden Stern, Planeten oder kosmischen Trümmer verschlingt, der ihm in die Quere kommt. Pessimismus ist so etwas Ähnliches wie ein persönliches Schwarzes Loch. Wenn man dem Pessimismus freien Lauf lässt, so kann er die eigene Stimmung verdüstern, die Hoffnung aufzehren und jegliche Freude, die man ansonsten für Umstände, Erfahrungen und andere Menschen empfinden würde, im Keim ersticken.

Untersuchungen haben gezeigt, dass Optimisten länger leben, schneller wieder gesund werden, mehr Freunde haben und das Leben stärker genießen als Pessimisten. In Anbetracht solch guter Gründe, Optimismus zu kultivieren, stellt sich die Frage, warum wir uns gelegentlich durch den Tag schleppen wie der Esel I-aah, der sich über die Unzulänglichkeiten seines Schwanzes beschwert. Ein Grund ist der, dass es leichter ist, pessimistisch zu sein als optimistisch. Allein schon die Zeitung zu lesen, die Nachrichten zu hören und den pessimistischen Menschen in unserer Umgebung Beachtung zu schenken kann ausreichen, um uns in das Schwarze Loch von Trübsal und Düsterkeit hineinzuziehen.

In Wahrheit ist das Unproduktivste, was Sie tun können, und zwar sowohl in persönlicher als auch in globaler Hinsicht, zuzulassen, dass Ihre Tage vom Schwarzen Loch des Pessimismus aufgefressen werden. Wenn man sich auf das „Ist das nicht furchtbar?“ konzentriert, lässt man zu, dass Pessimismus zur Grundeinstellung der eigenen Psyche wird. Ein akuter Pessimismus hindert Sie auch daran, effektive Lösungen für Probleme zu finden, die bereinigt werden müssen.

Weil Optimisten hingegen eher die positive Seite von Ereignissen und Umständen sehen und in allen Situationen das günstigste Ergebnis erwarten, besitzen sie die Tatkraft und die Energie, das Ihre dazu beizutragen, dass das Morgen besser als das Heute wird.

Optimismus beflügelt das Vorangehen und die Hoffnung. Das Kultivieren von Optimismus verleiht Ihnen die Fähigkeit, im Hier und Jetzt glücklicher und gesünder zu sein, während Sie gleichzeitig eine positivere Zukunft für Sie selbst und Ihre Nächsten entstehen lassen. Optimisten bewirken etwas. Großartige Werke, wunderschöne Babys, Heilmittel für Krankheiten und tolle Beziehungen werden, wie die meisten anderen sinnvollen Unterfangen der Menschheit, in der Regel durch einen augenzwinkernden Optimismus geschaffen. Eine Einstellung von „ich denke, ich schaffe es … ich denke, ich schaffe es …“ erweist sich in aller Regel als richtig.

So praktizieren Sie …

- Verwandeln Sie sanft, doch mit großer Entschiedenheit, pessimistische Gedanken in optimistische. (Es ist nicht nötig, die Gedanken auch zu glauben, damit diese Praxis funktioniert).
- Umgeben Sie sich so weit wie möglich mit positiv gestimmten Menschen.

Und im Laufe des Tages …

- Nehmen Sie mindestens zwei bis drei Beispiele für optimistisches Verhalten wahr: eine kleine Ameise, die einen riesigen Brotkrumen schleppt, ein Kleinkind, das hingefallen ist und wieder aufsteht, um weiterzulaufen, eine Blume, die aus einem Felsspalt herauswächst, ein altes Ehepaar, das sich bei den Händen hält …

Eine Optimistin ist nicht immer glücklich, doch sie glaubt, dass sie es bald wieder sein wird.

Auf die innere Weisheit hören

Weisheit ist kein erlerntes Buchwissen, sondern vielmehr eine Eigenschaft oder ein Zustand des *Wissens* darum, was wahr oder richtig ist, verbunden mit der Urteilskraft, konstruktive Handlungen bestimmen zu können. Weisheit ist die Einsicht und die Intuition, die in der sprichwörtlichen leisen, kleinen Stimme enthalten ist, welche nur ein stiller Geist hören und erkennen kann. Mir gefällt die Art, wie Nat Carter, ein Geistlicher der Unity-Kirche, die innere Stimme beschreibt: „Die kleine, leise Stimme in uns ist ganz höflich. Sie wartet, bis sie Raum erhält, um gehört zu werden. Sie wird nicht laut und unterbricht nicht, um unsere Aufmerksamkeit zu erheischen." So ein Mist. Es gibt definitiv Zeiten, wo es mir lieber wäre, dass meine innere Weisheit all das Geplapper der Gedanken durchbricht, mit lauter klarer Stimme spricht und mich an den Ohren zieht: „Hör' mir endlich zu, Sue!" Doch nur selten tritt sie derart energisch auf.

Um die kleine, leise Stimme zum Sprechen zu ermuntern, beginne ich jede meiner Schreibsitzungen mit einer schlichten Praxis, bei der ich meine Schutzengel, meine Muse und alle anderen helfenden Wesen herbeirufe, die am Kreis Anteil haben wollen. Die einzelnen Teile der Praxis sind ziemlich direkt: die Einladung, ein Gebet, dass ich für meine eigene Weisheit und Intuition und für die der Engel offen sein möge, und ein Danke dafür, dass sie mir beistehen. Manchmal verspüre ich ein leichtes Schaudern – für mich die Ankündigung dafür, dass meine Engel und Helferwesen anwesend sind. Oftmals kommt aber auch keine körperliche Bestätigung, und ich muss einfach darauf vertrauen, dass sie meine Bitte erhört haben. Da das Schreiben eine so einsame Tätigkeit ist, tröstet es mich, zu glauben, dass ich von Helfern aus einer höheren Ebene begleitet werde.

An Tagen, wenn mir das Schreiben schwerfällt und ich das Gefühl habe, als bemühten sich mein Geist und mein Herz erfolglos, sich aus einem Topf voller Gelatine zu erheben, ist der Grund oft der, dass ich diese Praxis vergessen habe. Nicht so flüssig und kreativ schreiben zu können, wie ich es gerne täte, ist ein Signal dafür, dass ich erprobterweise besser auf die kleine, leise Stimme der Weisheit hören kann, wenn ich vor dem Schreiben zur Ruhe komme, um Hilfe bitte und mich dann dafür bedanke.

Die Stimme der Weisheit wohnt in uns selbst und ist bereit, uns zu führen, wenn wir nur innehalten, um zu hören. Natürlich gibt es auch Zeiten, wenn wir meinen, wir seien bereits völlig still, und immer noch sei die kleine, leise Stimme nicht zu vernehmen. Wenn dies geschieht, besteht die Herausforderung darin, dennoch zu üben und den Geist ruhig werden zu lassen. Innezuhalten und zu bitten; ruhig zu werden und zu lauschen; zu vertrauen und zu warten. Zu warten ist schwierig, aber der Mühe wert, denn ein stiller, ruhiger Geist ist eine natürliche Antenne, die die geflüsterten Botschaften der Weisheit im Innern auffängt.

So praktizieren Sie …

- Tun Sie ein paar reinigende und beruhigende Atemzüge. Bedanken Sie sich für die kleine, leise Stimme der Weisheit im Innern, auch wenn Sie sie nicht hören oder spüren.
- Atmen Sie ruhig weiter und sagen Sie beim Einatmen: „Ich öffne mich …“ und beim Ausatmen: „… der Weisheit im Innern“.

Und im Laufe des Tages …

- Bekräftigen Sie, dass die kleine, leise Stimme der Weisheit in Ihnen lebendig ist.

Ein stiller Geist vernimmt das Flüstern der Weisheit.

Staunen können

Cathy, eine wunderbare junge Frau, die ich kenne, kam neulich in der Kirche zu mir und fragte mich begeistert: „Waren Sie schon mal auf Hawaii?“ Da ich zu Beginn meiner Ehe fünf Jahre lang dort gelebt habe, bejahte ich die Frage. „Oh mein Gott, es war so herrlich dort!“, schwärmte sie. „Ich bin während meines Aufenthalts gar nicht mehr aus dem Staunen rausgekommen!“

Cathys Satz über das Staunen hat mir gefallen. Und mir fiel plötzlich auf, dass ich schon seit geraumer Zeit gar nicht mehr richtig gestaunt hatte. Sollte das etwa bedeuten, dass alles Beeindruckende aus meinem Leben verschwunden ist? Nein. Es bedeutete vielmehr, dass ich mich zu sehr in Ablenkungen und gedanklichen Mist verstrickt hatte, um mich noch von irgendetwas beeindrucken zu lassen. Cathys Bemerkung hatte mir bewusst gemacht, dass ich nicht mehr auf die Schönheit um mich herum geachtet hatte. Um mich wieder dahin zu bringen, mein Staunen und meine Ehrfurcht vor der Welt bewusst wahrzunehmen, nahm ich meine kleine Hündin Lily an jenem Nachmittag mit auf einen „Spaziergang zum Staunen“.

Lily ist eine gute Gefährtin für eine solche Unternehmung, denn sie lässt sich von jedem nur erdenklichen Geruch auf dem Weg tief beeindrucken. Das gibt wiederum mir die Zeit, die Augen aufzumachen, meinen Geist zur Ruhe kommen zu lassen und wirklich das zu sehen, was da ist. Obwohl Mutter Natur bei unserem Spaziergang in ihr Wintergewand gekleidet war, gab es vieles, was zum Staunen anregte. Der ortsansässige Blaureiher zeigte sich, eine Bisamratte schwamm inmitten einiger Enten daher, und Lily selbst ließ mich lächeln und unglaubliche Dankbarkeit empfinden für die Liebe, die dieser kleine Strolch in mein Leben und das Leben meines Mannes gebracht hat. Auf diesem „Spaziergang zum Staunen“ habe ich mehr gesehen als auf vielen, vielen früheren Spaziergängen.

J. Krishnamurti sagt: „Um das Unermessliche zu begreifen, muss der Geist außerordentlich ruhig sein, still.“ Natürlich wird keiner von uns andauernd einen ruhigen Geist besitzen. Und das sollten wir auch gar nicht von uns erwarten. Wir können uns allerdings entscheiden, für einige Minuten Erfahrungen, Menschen, Ideen und der Schönheit gegenüber still und bewusst zu sein, weil diese ein Gefühl von Ergriffenheit und Ehrfurcht in unser Herz bringen. Die nicht messbare Schönheit und das Wunder in unserer unmittelbaren Umgebung können auch schon Ehrfurcht hervorrufen. Wir brauchen nicht erst nach Hawaii zu fahren, damit wir aus dem Staunen nicht mehr herauskommen.

So praktizieren Sie …

- Beschließen Sie, eine Strecke, die Sie normalerweise im Auto zurücklegen, nun einmal zu Fuß zu gehen. Schauen Sie sich um und nehmen Sie die Schönheit wahr, die Sie sehen.
- Gehen Sie langsam durch ein Zimmer in Ihrem Haus oder Ihrer Wohnung. Registrieren Sie die Dinge, die Ihnen kostbar sind. Machen Sie sich bewusst, was sie Ihnen bedeuten. Berühren Sie die Oberfläche von Möbeln und von Erinnerungsstücken, spüren Sie deren Beschaffenheit, erlauben Sie Ihren Händen und Ihren Augen, sie zu streicheln und zu bewundern. Beeindruckend, oder?

Und im Laufe des Tages …

- Erlauben Sie sich mindestens zweimal am Tag eine Phase des Staunens und der Ergriffenheit.

**Einige wenige Momente der Achtsamkeit
können einen tiefen Eindruck hinterlassen.**

Zur Empfänglichkeit ja sagen

Wenn Sie je an jemanden gedacht haben und diese Person kurz darauf anruft, oder wenn Sie gerade an etwas gedacht haben und die Person, mit der Sie zusammensitzen, von genau diesem Thema zu reden anfängt, dann haben Sie das erfahren, was ich einen „zwischenmenschlichen Energiebogen" nenne. Wir sind für die Energiebögen zwischen uns selbst und anderen empfänglicher, wenn unser Geist still und frei von Statik ist. Ein stiller Geist schenkt uns die Fähigkeit, Eindrücke oder Ideen von anderen, von unserem eigenen höheren Selbst und vom Universum zu empfangen. Wir selbst jedoch müssen die Bereitschaft aufbringen, intuitive Anstöße, Einflüsterungen der Weisheit und schöpferische Impulse von innen her aufzufangen und wahrzunehmen.

Ein stiller, empfänglicher Geist ist ein freundlicher Geist, der auch kleinere Nuancen in uns selbst und anderen interessiert wahrnimmt, welche von einem übervollen, gehetzten Geist nicht wahrgenommen werden wollen oder können. Offenheit und Zugänglichkeit sind ebenfalls Eigenschaften eines stillen Geistes. Wir fühlen uns zu Menschen hingezogen, die an uns interessiert und im Umgang mit uns offen sind, deren Gedanken und Gefühle uns zugänglich sind und gut zum Ausdruck kommen. Mit anderen Worten, Frauen wünschen sich eine echte, aufrichtige Verbindung mit anderen. Ein Grund, weshalb wir unsere Freundinnen so schätzen, ist der, dass auch sie bedeutsame Verbindungen mit anderen eingehen möchten und das in der Regel auch gut können.

Vor vielen Jahren hatten meine beiden Söhne innerhalb von wenigen Tagen schwere Unfälle. Die Verletzungen der Jungen zerstörten manche ihrer Träume und demzufolge auch meine. Nach tagelangem emotionalem Aufruhr setzten mein Mann und ich dem traumatischen Geschehen noch die Krone auf, indem wir einen großen Streit hatten. Wie betäubt, floh ich aus dem Haus, um bei meiner lieben Freundin Bonnie Trost zu suchen. Ich hatte mir nicht mehr die Zeit genommen, sie vorher anzurufen, hoffte aber verzweifelt, dass sie zu Hause sein möge. Sie war zu Hause und konnte mir auch den Trost bieten, den ich brauchte. Später erzählte sie mir, dass sie zwar etwas vorgehabt hätte, aber zu Hause geblieben sei, um mich zu erwarten, weil sie „mein Kommen gespürt" habe. Bonnie war für den Energiebogen zwischen uns empfänglich und daher für mich da gewesen, als ich sie brauchte.

Empfänglich zu sein hilft uns nicht nur, anderen eine bessere Freundin und Partnerin zu sein, sondern es verschafft uns auch einen freieren Kanal zu den Bereichen des Göttlichen. Ich glaube daran, dass uns viele Formen von Hilfe und Inspiration umgeben und darauf warten, gerufen zu werden. Vielleicht war der Energiebogen zwischen Bonnie und mir ja in Wirklichkeit ein Engel, der ihr auf die Schulter getippt hatte. Wie auch immer unser persönlicher Glaube aussehen mag, irgendwie gelangen Hilfe, Inspiration und Intuition in unseren Geist. Unsere Aufgabe ist es, ja zur Empfänglichkeit zu sagen, indem wir unseren Geist still werden lassen.

So praktizieren Sie …

- Nehmen Sie sich vor, die Energiebögen zwischen Ihnen selbst und den Menschen, die Ihnen nahestehen, bewusster wahrzunehmen.
- Wenn die Intuition spricht, dann hören Sie zu. Wenn die Inspiration zuschlägt, dann handeln Sie.

Und im Laufe des Tages …

- Nehmen Sie sich einen Augenblick Zeit, um Stille einzuatmen und um Empfänglichkeit einzuladen.

Je stiller Sie werden, umso mehr können Sie hören.

RAM DASS

Sich der Weite öffnen

Der chinesische Philosoph Lao tse, der als Vater des Taoismus bekannt ist, versichert uns, dass sich „dem Geist, der still ist, das ganze Universum ausliefert". Der Gedanke, dass sich mir das gesamte Universum ausliefert, ist mir ein bisschen zu respekteinflößend, deshalb interpretiere ich Lao tses Botschaft so, dass die Haltung eines ruhigen Geistes verspricht, dass Leben und Liebe sanfter und besser fließen werden.

Stille ist in den Lehren der Achtsamkeit und der Meditation ein allgegenwärtiges Thema – der Kern, um den sie kreisen. Meditationslehrer führen an, dass die Stille der Meditation Raum schafft – eine Weite, in der der Geist sich ausruhen kann und erholen von den Geschichten, die wir uns über uns selbst, über unser Leben und über all die Pflichten und Aufgaben erzählen, die auf uns lasten. Bei meiner eigenen Praxis betrachte ich die Meditation mittlerweile als eine Oase der Stille inmitten des Alltags. Als einen heiligen Ort, der mir eine Zuflucht bietet vor den Freuden und Leiden, die jeder Tag so mit sich bringt. Als einen Rückzugsort, wo es nichts zu tun und niemandem zu gefallen gilt, als einen Raum, wo ich einfach nur sein kann. Als einen Ort, wo ich die Liebe zu mir selbst neu erfahren kann.

Da ich die Meditation als eine solche Oase empfinde, sollte man meinen, dass ich genügend Disziplin aufbringen würde, um täglich zu praktizieren, doch leider muss ich gestehen, dass dem nicht so ist. In der Regel praktiziere ich zwar täglich Achtsamkeit, doch oftmals sind diese Momente zwischen andere Tätigkeiten oder Schlafenszeiten nur eingeschoben. Und es gibt auch Tage, an denen mein Geist zu voll oder zu unruhig ist, um wirklich achtsam sein zu können. Ich bin dabei zu lernen, auch diese disziplinlosen, übervollen und unruhigen Zeiten als Teil meiner Praxis zu betrachten – als eine Gelegenheit, sanft zu mir selbst zu sein, obwohl ich gerade keine gute Achtsamkeitspraktizierende oder keine gute Irgendetwas bin. Seien Sie also bitte nicht zu hart zu sich selbst, wenn auch Sie von dem Pfad abweichen, für den

Sie sich entschieden haben. Ihre fortwährende Aufgabe ist es, sich selbst durch alle Umwege im Leben hindurch zu lieben.

In der Tat ist es das größte Geschenk, das die innere Weite zu bieten hat, wenn Sie still genug werden, um die Offenheit und Größe des Herzens aufzubringen, sich selbst im gegenwärtigen Moment zu lieben. Wenn Sie sich selbst wahrhaftig lieben und annehmen, fließt die Liebe ganz frei und ungehindert von Ihnen selbst zu allen anderen Wesen hin und es fühlt sich tatsächlich so an, als würde sich Ihnen das ganze Universum ergeben.

So praktizieren Sie …

- Sitzen Sie eine Minute lang ohne jeden Fokus und ohne jede Absicht still da.
- Richten Sie Ihre Aufmerksamkeit sanft auf Ihren Atem und lassen Sie ihn ganz natürlich kommen und gehen.
- Stellen Sie sich bei jedem Atemzyklus vor, dass Sie sich mühelos in die Weite hinein ausdehnen.
- Geben Sie der Weite den Namen „Liebe“ und ruhen Sie darin.

Und im Laufe des Tages …

- Stellen Sie sich vor und, wenn möglich, fühlen Sie, dass Sie wohlig in einem Raum der Liebe ruhen.

Gleichmäßig fließen
aus einem weiten, stillen Geist
Frieden, Liebe, Harmonie.

KAPITEL 5

Annehmen, was ist

Achtsamkeit heißt, sich einfach dessen bewusst zu sein, was im gegenwärtigen Moment geschieht, ohne es anders haben zu wollen; das Angenehme zu genießen, ohne daran festzuhalten, wenn es sich ändert (was es tun wird); mit dem Unangenehmen da zu sein, ohne Angst zu haben, es werde immer da sein (was es nicht sein wird).

JAMES BARAZ

In einer Gesellschaft, in der Eigenkontrolle, Selbstständigkeit und die Überzeugung großgeschrieben werden, dass wir unsere eigene Realität erschaffen, ist das Konzept vom achtsamen Annehmen ein schwer verdauliches. Ich glaube zwar definitiv an die Idee der Selbstständigkeit und an die Erschaffung unserer eigenen Realität, doch ich glaube ebenso, dass ein würdevolles Akzeptieren von Umständen, Gefühlen und Erfahrungen sehr häufig ein notwendiger, wenn auch vernachlässigter Teil des Lebensprozesses selbst ist.

Viele Jahre lang war ich sehr viel besser darin, gegenüber Realitäten, die mir nicht gefielen, Widerstand zu leisten und diese unter meine Kontrolle bringen zu wollen, als darin, sie würdevoll anzunehmen. Obwohl ich die Redensart „mit dem Fluss gehen" kannte, schwamm ich dennoch gegen den Strom. Mit der Zeit jedoch wurde deutlich, *dass Widerstand zwecklos ist,* wie es die Borg in „Star Trek" gerne betonen. Bei mir war es so, dass der Widerstand jeden Schmerz, den ich empfand, nur noch vergrößerte und mich allem Anschein nach in die Umklammerung dessen sperrte, wogegen ich Widerstand leistete.

Ehe ich meinen Klammergriff um die Illusion lösen konnte, ich könne irgendetwas anderes als meine eigenen Gedanken, Einstellungen und Entscheidungen unter Kontrolle haben, musste ich erst aufhören, das Annehmen mit Kapitulation, Opferhaltung und Hilflosigkeit gleichzusetzen. Mit einiger Übung wurde letztendlich klar, dass Annehmen mir in Wirklichkeit dabei hilft, mich eigenständig zu fühlen und dazu fähig, meine Wirklichkeit gemeinsam mit Gott zu erschaffen. Zu meiner Überraschung entdeckte ich, dass das Annehmen stärker macht, während Widerstand auszehrt. Natürlich reagiere ich auf einige Auslöser immer noch spontan mit Widerstand und mit dem Wunsch, zu kontrollieren, doch immer öfter kann ich nun anfangen, eher zu einer annehmenden Haltung überzugehen, sobald ich bemerke, dass ich wieder in mein altes klammerndes, engherziges, angespanntes Verhaltensmuster zurückgefallen bin.

Sich Engelsflügel verdienen

Bei einem kurzen Krankenhausaufenthalt im vergangenen Jahr bin ich einem jungen Krankenpfleger begegnet, der mir ein Vorbild an würdevoller Annahme war. Dale und ich entwickelten während unserer nächtlichen Gespräche eine herzliche Verbundenheit, so dass er für mich definitiv einen Lichtblick bei dieser ganzen Erfahrung darstellte. Eine kurze Geschichte seines Lebens entrollte sich vor mir, als er sich die Zeit nahm, um mit mir zu plaudern, während er seiner Pflegetätigkeit nachging. Seine Geschichte ist eine bittersüße.

Dale studierte im zweiten Jahr Medizin, als seine Frau bei einem Autounfall schwer verletzt wurde. Sie überlebte den Unfall, trug aber schwere seelische und körperliche Schäden davon. Selbst wenn sie das Geld gehabt hätten, dass er weiter zur Uni hätte gehen können, hätte er aufgehört, so sagte er, weil „unser Schwur besagte, in guten wie in schlechten Zeiten. Wir sind ein Team. Sie würde das Gleiche auch für mich tun. Keine große Sache." Er erklärte weiter, dass er nachts arbeite, um tagsüber bei seiner Frau sein zu können: „So um ihr Gesellschaft zu leisten und um sie zum Arzt und zur Psychotherapie zu fahren."

Ich war berührt davon, wie zufrieden Dale war – wie sehr die dramatische Wendung, die sein Leben genommen hatte, für ihn in Ordnung war, wie sehr er sie akzeptierte. Meiner Meinung nach hat sich dieser Mann seine Engelsflügel verdient.

Dales Reaktion auf die Tragödie war so gutwillig, dass ich fürchte, Ihre erste Reaktion wird lauten: „Also ich könnte nie so liebevoll reagieren", so wie es bei mir zuerst auch war. In Wirklichkeit wissen wir aber nicht, wie wir uns verhalten und reagieren werden, ehe wir nicht mit bestimmten Erfahrungen konfrontiert sind. Vielleicht wären Sie und ich auch engelsgleich, wenn wir in Dales Schuhen stecken würden.

Wiederum besteht Ihre Aufgabe darin, sich selbst zu lieben und anzunehmen, ob Sie nun alles, was Ihres Weges kommt, achtsam und würdig annehmen, oder ob Sie jede und alle Erfahrungen und Gefühle jämmerlich ablehnen. Ich weiß, dass ich auf der Notwendigkeit von Selbstliebe herumreite, aber das tue ich aus dem Grund, dass die Selbstliebe das absolute Grundgestein Ihrer Lebensreise ist. Mit einem Fundament aus Annahme, Respekt und Liebe zu sich selbst besitzen Sie die Stabilität, die Sicherheit und den Mut, sich Ihre Engelsflügel in allen Lebenslagen zu verdienen.

So praktizieren Sie …

- Wenn Ihnen das Annehmen besonders schwerfällt, gehen Sie bitte sanft mit sich um und fangen Sie klein an.
- Wählen Sie eine bestimmte, unbedeutende Herausforderung, an der Sie das Annehmen ausprobieren können – eine Schlange an der Kasse, schmutzige Socken auf dem Fußboden, eine Computerpanne etc.
- Seien Sie sich Ihres Körpers bewusst, während Sie Widerstand verspüren; atmen Sie in die Bereiche hinein, die angespannt sind, und ermutigen Sie sich selbst, sich in die Annahme hinein zu entspannen.

Und im Laufe des Tages …

- Nehmen Sie Widerstand wahr und entscheiden Sie sich an dessen Stelle bewusst für Annahme. Da es gewöhnlich eine Weile dauert, bis sich Gefühle einer bewussten Absicht anpassen, haben Sie bitte Geduld mit sich.

Engelsflügel verdient man sich ein Federchen nach dem anderen.

Nie mehr jammern

Als Psychotherapeutin glaube ich, dass ein bestimmtes Maß an Katharsis für unser geistiges und körperliches Wohlbefinden notwendig ist. Aufgebaute Energie muss auf sinnvolle Art und Weise nach draußen gebracht werden, da sie sich sonst nach innen wenden und zu Krankheit, Angst oder allen möglichen destruktiven Überzeugungen und Erwartungen werden kann. Nachdem das einmal gesagt ist, möchte ich auch betonen, dass ständiges Jammern ungesund ist, zur schlechten Angewohnheit werden und die Persönlichkeit verformen kann. Jammern und Klagen untergräbt unsere Zufriedenheit sowie die Fähigkeit, anderen gegenüber Wohlwollen zu empfinden. Klagen gebiert Miesepeter. Keiner umgibt sich gern mit Miesepetern – und diese sind gewöhnlich weder unter ihresgleichen noch bei anderen Menschen sonderlich beliebt.

Als Mittel gegen die selbstzerstörerische Angewohnheit des Jammerns fordert Pfarrer Will Bowen aus Kansas City im amerikanischen Bundesstaat Missouri seine Gemeinde – und immer mehr auch den Rest der Welt – dazu auf, 21 Tage lang mit dem Klagen, Kritisieren, Tratschen und mit sarkastischen Bemerkungen aufzuhören, um so diese Angewohnheiten zu durchbrechen. „Die Jammerei bezieht all ihre Energie aus der Negativität", erklärt er. „Wenn man klagt, so macht man das in der Regel, um Aufmerksamkeit oder Mitleid zu erregen. Man sendet diese Energieschwingung aus, dass man ein Opfer sei, und das Universum antwortet mit noch mehr Negativität."

Um eine Veränderung zum Positiven zu unterstützen, geben der Reverend Bowen und seine Gemeinde lilafarbene Armbänder an Menschen aus, die der Meinung sind, eine Erinnerungshilfe könne ihnen nutzen, um eine negative Angewohnheit in eine positive umzuändern. Die Träger sollen das Armband jeweils von einem Handgelenk ans andere wechseln, wenn sie merken, dass sie sich beklagen, tratschen, kritisieren oder sarkastisch sind, und – das ist der schwierige Teil – nach einem Armwechsel wieder neu mit dem 21-tägigen Zyklus beginnen. Neulich schrieb mir ein Freund am Ende einer E-Mail (mit einem „Smiley"-Symbol): „Ich habe mein Armband während dieser E-Mail 14-mal gewechselt!" Da er mit Sicherheit kein chronischer Jammerer ist, betrachte ich sowohl seine humorvolle Einstellung als auch seine E-Mail als einen konstruktiven Weg, um ein bisschen aufgestaute Energie loszulassen.

Jammerei und Annahme können schwerlich gleichzeitig existieren.

So praktizieren Sie ...

- Nehmen Sie es ohne Beurteilung wahr, wenn Sie sich beklagen, und danken Sie sich selbst dafür, dass Sie so aufmerksam sind.
- Entscheiden Sie achtsam und sanft, ob es für Sie gut ist, weiter so zu denken und zu sprechen, wie Sie es gerade tun, oder ob es besser wäre, Ihre Gedanken und Worte zu verändern. Verhalten Sie sich dementsprechend.
- Erinnern Sie sich am Ende jedes Tages an diejenigen Situationen, in denen Sie sich bewusst entschlossen haben, sich nicht mehr zu beklagen.

Und im Laufe des Tages ...

- Schieben Sie der Jammerei einen Riegel vor, indem Sie Annahme üben.

Grantigkeit und Gereiztheit aufzugeben ist wichtig für Ihre Gesundheit und Ihr Wohlergehen.

Die Rollen auswählen, die wir spielen

William Shakespeare hat uns versichert, dass „die ganze Welt … eine Bühne (ist), und alle Männer und Frauen … nichts als Schauspieler (sind). Sie haben ihren Auftritt und ihren Abgang, und ein Mensch spielt in seiner Zeit viele Rollen …“ Oftmals denke ich mir, dass es gesund und vergnüglich ist, das Leben als eine Bühne zu betrachten, auf der wir die Handlung verschiedener Stücke ausleben. Zwar gibt es einige unveränderliche Rahmenbedingungen, innerhalb derer unsere Dramen und Komödien ablaufen – z. B. Geschlecht, Nationalität, Gesundheitszustand, Qualität der Erziehung und physische Erscheinung, um nur einige wenige zu nennen –, und doch steht es in unserer Macht, unsere Antwort auf das Drehbuch des Lebens selbst auszuwählen und uns dabei den besten Aspekt unserer selbst für die Rolle, die wir im Moment spielen müssen, herauszusuchen.

Jahrelang hatte ich die Neigung, mich im Schauspiel des Lebens in die falschen Rollen zu stecken: in die der „Heldin, die sich an die Eisenbahnschienen gekettet hat“, des unterschätzten Aschenputtels oder der schrecklichen Brünhilde. Da ich jetzt stärkere und erwachsenere Facetten meiner Persönlichkeit ins Rampenlicht stelle, kann ich sowohl meine Rolle der Tragödin als auch die des armen Opfers davon abhalten, ihre suchtartige Abhängigkeit vom Adrenalin des Dramas auszuleben.

Ergänzt sich das: auszuwählen, welche Rolle wir spielen und wer wir sein wollen, und das zu akzeptieren, was ist? Ich glaube schon. Annahme bedeutet nicht, zuzulassen, dass man von den Umständen überrollt wird; es bedeutet oftmals einfach, keinen Widerstand zu leisten. Indem man sich deshalb des Drehbuchs bewusst wird, das einem sozusagen in den Schoß geworfen wurde, und indem man sagt: „Aha, hier ist also der Spielplan für heute Abend“, nimmt man die Situation mit Gleichmut an. Von einem Ort der Ausgeglichenheit und der Annahme aus hat man die Macht, denjenigen Darsteller in sich selbst auszuwählen, der die Rolle, die man im Moment spielen muss, am besten erfüllt. Wenn ein Mitglied der Familie krank ist, könnte die Rolle beispielsweise die des „verlässlichen medizinischen Beraters“ sein. Wenn eine Freundin oder ein Kind emotional verletzt ist, könnte Ihr Part der der „Geborgenheit vermittelnden Schulter zum Anlehnen“ sein. Im Idealfall *akzeptieren* wir das, was unseres Weges kommt, und *entscheiden* uns dann achtsam und klug, mit dem angemessensten Darsteller aus unserem inneren Ensemble zu antworten.

So praktizieren Sie …

- Denken Sie einfach aus Spaß an eine Situation in Ihrem gegenwärtigen Leben und wählen Sie einen Darsteller aus Ihrem Inneren aus, der dieses Szenario gut bewältigen kann.
- Agieren Sie diesen Part aus und achten Sie dabei darauf, wie es sich anfühlt, diesen Aspekt Ihrer Persönlichkeit zum Ausdruck zu bringen.
- Danken Sie diesem Teil Ihrer selbst und nutzen Sie die Rolle weiterhin, wenn sie sich bewährt.

Und im Laufe des Tages …

- Nehmen Sie das an, was Ihres Weges kommt, und wählen Sie bewusst aus, wer darauf antwortet.
- Haben Sie Freude dabei.

***Sie* sind der Star Ihres Lebens.**

Auf die Reife warten können

Wenn man es ihm erlaubt, natürlich heranzuwachsen, dann reift Obst und Gemüse in seinem eigenen Rhythmus, entsprechend dem Erdboden, der Sonne und dem Regen, die es erhält. Wenn man es zwingt, nach unseren eigenen Zeitplänen und Wünschen zu wachsen, indem man es in ein Gewächshaus setzt, so erscheint dies als eine passende Metapher für viele der Anforderungen, die wir an uns selbst stellen. Wir erwarten von uns, rasch und mühelos alles zu beherrschen, von der Computertechnik bis zur Elternschaft, und fühlen uns schnell als Versager, wenn wir im Angesicht einer wichtigen Entscheidung nicht sofort wissen, was zu tun ist. Es ist, als erwarteten wir, dass unser eigener Reifungsprozess genau so abläuft wie die Schnellzugriffs-Technologie, auf die wir zählen. Doch das ist nicht der Fall.

Je eher wir die Tatsache akzeptieren, dass die Zeit alle Dinge reifen lässt – insbesondere uns Menschen – desto ruhiger, geduldiger und zufriedener können wir sein. Ebenso wie das Obst und Gemüse Sonne und Regen braucht, um reif zu werden, brauchen und verdienen auch wir die Erlaubnis, im Lichte unserer Selbstannahme langsam und vollständig heranzureifen. Rainer Maria Rilke ermutigt uns, „Geduld zu haben mit allem Ungelösten in (unserem) Herzen und zu versuchen, die Fragen selbst zu lieben".

Rilkes Feststellung ist für mich sehr wichtig. Wenn ich sie lese, kann ich mich getrost dem Unbekannten hingeben im Vertrauen, dass die Reifung geschehen wird, wenn die Zeit reif ist.

Während ich über das Reifen schreibe, kommt mir immer wieder der Unterschied zwischen Garten- und Treibhaustomaten in den Sinn. Ich bin im feuchtheißen Missouri aufgewachsen, wo ich gartenfrische Tomaten lieben lernte. Ich mag sie allerdings ohne die Haut. Kein Problem bei Gartentomaten – deren Haut lässt sich ganz leicht abziehen. Um Tomaten aus dem Treibhaus zu pellen, muss man sie zuerst in kochendes Wasser tauchen – und selbst dann schmecken sie noch nicht wie „echte" Tomaten. Hmmm ... Wie oft habe ich nicht schon mich selbst in heißes

Wasser getaucht, wenn ich etwas getan oder gesagt habe, noch ehe die Zeit dazu reif war, oder wenn ich von mir erwartet habe, etwas zu sein oder zu tun, zu dem ich noch nicht vollständig herangereift oder fähig war? Ehrlich gesagt, schon ziemlich oft, und die erzwungenen, beschleunigten Ergebnisse waren nicht so schmackhaft, wie sie vielleicht gewesen wären, wenn ich darauf vertraut hätte, dass die Reife zu gegebener Zeit ganz von selbst gekommen wäre.

So praktizieren Sie …

- Machen Sie sich liebevoll bewusst, in welchen Bereichen Sie sich schneller vorantreiben, als Sie guten Gewissens und kompetent vorangehen können.
- Atmen Sie ein paarmal langsam und tief durch und entspannen Sie sich im Gedanken an die Reifung.

Und im Laufe des Tages …

- Fragen Sie sich, ob die vorliegende Idee, Entscheidung, Handlung oder Emotion wirklich vollkommen ausgereift ist. Wenn nicht, warten Sie noch und vertrauen Sie darauf, dass die Zeit und der Vorsatz alle Dinge zur Reifung bringen werden.

Die Süße einer reifen Frucht ist das Warten wert.

Die Hölle zum Himmel werden lassen

Trauer, Verlust und körperlicher Schmerz sind Tatsachen des Lebens. Einige von uns haben das Glück, nur ein geringes Maß davon zu erleben, während andere scheinbar mehr als nur ihren Anteil davon ertragen müssen. Wie wir auf Schmerz und Trauer reagieren, das hängt ganz alleine von uns selbst ab. John Milton hat das wunderbar ausgedrückt, als er sagte: „Der Geist ist sein eigener Ort und kann die Hölle zum Himmel, den Himmel zur Hölle machen."

Meine ehemalige Klientin Patty war eine wahre Königin darin, die Hölle zum Himmel zu machen. Pattys Mann war bei einem militärischen Einsatz durch „Freundbeschuss" ums Leben gekommen und hatte sie mit fünf Kindern und bescheidenen finanziellen Mitteln zurückgelassen. Zu allem Überfluss litt Patty an schmerzhaften Schüben von Fibromyalgie – und ihr jüngstes Kind hatte das Downsyndrom. Patty war zu mir gekommen, weil sie sich, wie sie sagte, „ab und zu ein bisschen trübselig fühle und einfach mal mit jemand Erwachsenem reden möchte …" Ein bisschen trübselig! Ich konnte mir nicht einmal vorstellen, wie man unter solchen Umständen überleben sollte. Doch Patty und ihre Kinder überlebten. Ich war von der Tatsache berührt, dass Patty in jeder unserer Sitzungen mindestens einmal eine flüchtige Andeutung machte, wie viel Glück sie habe. Es war kein Geheimnis, wer wen bei unseren Gesprächen inspirierte.

Patty veranlasste mich, darüber nachzudenken, warum einige Menschen nur über kleinere Schlaglöcher stolpern, wenn sie mit Schmerz oder Trauer konfrontiert sind, während andere in tiefe Abgründe stürzen. Die Arbeit mit anderen Klienten, die eher in den Abgrund der Hölle gestürzt waren, half mir, einige der Unterschiede zwischen jenen mit den „Schlaglöchern" und jenen mit den „Abgründen" zu verstehen. Hier sind einige Beispiele:

Schlagloch-Typen	**Abgrund-Typen**
Konzentrieren sich darauf, im Hier und Jetzt zu bleiben	Machen sich Sorgen über die Zukunft
Arbeiten bewusst daran, zu akzeptieren, was ist	Glauben, es sollte nicht so sein, wie es ist
Sehen sich selbst als Überlebende	Sehen sich selbst als Opfer
Versuchen, positive Gedanken zu haben	Werden von angsterfüllten Gedanken gequält

Angst und Widerstand lassen Abgründe entstehen.

So praktizieren Sie …

- Wenn Sie Angst erleben, dann bringen Sie sich selbst in die Sicherheit des Hier und Jetzt, indem Sie sich auf jeden Atemzug konzentrieren.
- Ändern Sie Höllengedanken in himmlische Gedanken um.

Und im Laufe des Tages …

- Finden Sie kleine Möglichkeiten, sich vom Glück begünstigt zu fühlen.

Himmel oder Hölle – das entscheiden wir selbst.

Nicht vergessen auszuatmen

In Las Vegas bin ich einmal mit einer Achterbahn gefahren, die, so bin ich mir sicher, von einem Wahnsinnigen nur zu dem Zweck erfunden worden ist, den örtlichen Chiropraktikern ein gutes Geschäft zu liefern. Das Schlingern und Schlagen, Stoßen und Stocken war mehr, als ein menschlicher Körper auszuhalten imstande ist. Außer zum Schreien hielt ich während der gesamten Tortur den Atem an. Unter Schmerzen und vor Adrenalin triefend schlich ich mich hinaus. Mein definitiv klügerer, nicht mitgefahrener Mann warf einen einzigen Blick auf mich und meinte besorgt: „Susie, Atmen!" Während ich den Atem, den ich angehalten hatte, stoßweise ausstieß, begann mein Körper die aufgestaute Anspannung durch Zittern loszulassen.

Das Leben ist manchmal wie diese Achterbahn – voller realer und bloß eingebildeter Gefahren, unerwarteter Kurven und Wendungen –, und das führt zu Stress, Anspannung und Schmerz. Alle atmenden Lebewesen schnappen zuerst nach Luft, wenn sie sich mit Gefahr konfrontiert sehen, halten dann den Atem an und atmen anschließend sehr flach weiter. Erst wenn die als solche wahrgenommene Gefahr vorüber ist, atmen sie vollständig aus und kehren allmählich wieder zum normalen Atemmuster zurück.

Obwohl es sich um Instinktverhalten handelt, ist uns das Anhalten des Atems oder das flache Atmen keine Hilfe, um optimal zu funktionieren. Der Atem ist die Lebenskraft. Ohne ihn verlangsamt sich die Tätigkeit des Gehirns, und unser Körper und unsere Emotionen geraten in Panik und rufen: „Alarmstufe rot!" Das Anhalten des Atems gleicht als körperliches Verhalten dem emotionalen Festklammern an etwas, was man zu verlieren fürchtet. Wenn man sich der Atmung bewusst wird, daran denkt, auch wieder auszuatmen, und so schnell wie möglich zur normalen Atmung zurückkehrt, besitzt man eine wirkungsvolle Möglichkeit, die Realität des Hier und Jetzt zu akzeptieren.

Das Ausatmen bringt uns die Erleichterung der Entspannung, des Loslassens und des Loswerdens von aufgestauter Anspannung.

Tränen besitzen oftmals die gleiche reinigende Wirkung, wie es uns die jüdische Redensart „Was Seife für den Körper ist, sind Tränen für die Seele“ versichert. Tatsächlich reinigen Tränen auch den Körper. Die Wissenschaft hat nachgewiesen, dass Tränen, die infolge von schmerzhaften Gefühlen wie Trauer oder Zorn vergossen werden, Giftstoffe enthalten, wohingegen aufgrund von positiven Gefühlen fließende Tränen frei von Giftstoffen sind. Wie tief und gleichmäßig Sie atmen, ist ebenso eine bewusste Entscheidung für die Achtsamkeit wie die Erlaubnis, die eigenen Tränen fließen zu lassen.

So praktizieren Sie ...

- Setzen Sie sich mit geschlossenen Augen hin und konzentrieren Sie sich zwei oder drei Minuten lang behutsam darauf, durch die Nase ein- und durch den Mund auszuatmen.
- Geben Sie sich, auch wenn es Ihnen schwerfällt, die Erlaubnis, alle Tränen fließen zu lassen, die darauf warten, vergossen zu werden. (Um den Tränenfluss zu erleichtern, rufe ich manchmal mehrmals „Nein!“ und schlage vielleicht sogar auf mein Bett ein.)
- Vergessen Sie im Falle einer Krise nicht, ein- und wieder auszuatmen.

Und im Laufe des Tages ...

- Lassen Sie Ihren Atem bewusst gleichmäßig werden. Zählen Sie beim Einatmen von ein bis fünf ... Zählen Sie beim Ausatmen von eins bis fünf ...

Sowohl das Ausatmen als auch das Weinen schaffen Raum für das Reine, Frische und Neue.

„BBL“ anwenden

Wenn wir alle Alfred P. Doolittles Rat aus dem Musical „My Fair Lady“ folgen könnten, wenn er singt, dass wir nicht jammern, sondern pfeifen sollten, wenn wir an den Härten des Lebens herumkauen, dann wären wir sozusagen im Schlaraffenland. Doch nur allzu oft drücken uns die Sorgen und Nöte des Lebens nieder und verleiten uns zu der Anschauung, wir könnten alles irgendwie besser werden lassen, wenn wir herausfänden, wie wir die Situation unter Kontrolle bringen könnten. Leider wird ein Problem in der Regel nicht gelöst, wenn wir unablässig daran herumkauen, sondern es wird nur immer größer und immer schwerer hinunterzuschlucken. Das erinnert mich an das Kauen von Leber … igitt.

Wenn wir zulassen, dass uns die Sorgen aufzehren, dann werden sie zur Matrix, um die unser Leben kreist. Sie nehmen uns in Besitz. Weil ich selbst so gut weiß, wie leicht man sich in einem Labyrinth aus Sorgen verirrt, habe ich „BBL“ entwickelt, ein System, mit dessen Hilfe ich aus dem Labyrinth herausfinden kann.

Bewusst werden: Werden Sie sich darüber bewusst, woran Sie kauen und welche Gefühle Sie dadurch haben. Ich selbst zum Beispiel kann mich um den Schlaf bringen, wenn ich mir Sorgen um meine erwachsenen Kinder mache.

Beobachten: Beobachten Sie, ohne darüber zu urteilen, wie Ihre Sorgen und Probleme Sie in einem endlosen Kreislauf aus Gedanken wie „Was ist, wenn …“, „Ich sollte doch …“ und möglicherweise auch „Wie ist das schrecklich“ gefangen halten. Die Sorge um meine Kinder reißt mich aus dem Hier und Jetzt heraus und an Orte, wo ich keine Kontrolle habe (und auch gar keine haben sollte).

Loslassen: Je nachdem, was Sie innerlich anspricht, gibt es unzählige Möglichkeiten, wie man seine Sorgen loslassen kann. Ich selbst benutze häufig Affirmationen, Gebete, Visualisierungen und Rituale.

Um die Sorgen um meine Kinder loszulassen, bitte ich um Hilfe beim Loslassen und fasse in Worte, was ich mit Sicherheit über meine Kinder weiß, indem ich deren Stärke, Güte, Weisheit und Liebenswürdigkeit bekräftige. Ich visualisiere, dass sie glücklich sind. Wenn mein Herz dann immer noch wehtut, ist es Zeit für ein Ritual. Vor Kurzem habe ich einige Blätter, die meine Sorgen symbolisieren sollten, in den Bach hinter unserem Haus geworfen. Angst, mangelndes Vertrauen und Niedergeschlagenheit sind allesamt mit der Strömung davongeschwommen. Während sie langsam aus dem Blickfeld verschwanden, habe ich für die Möglichkeit des Loslassens und für meine Kinder gedankt, wo auch immer sich diese im Augenblick aufhalten mochten. Es hat Wirkung gezeigt.

So praktizieren Sie …

- Nutzen Sie „BBL" – bewusst werden, beobachten, loslassen – wenn eine Sorge Sie zu verschlingen droht.

Und im Laufe des Tages …

- Besinnen Sie sich darauf, dass „auch dies vorübergehen wird".

Lieben Sie sich selbst, während Sie auf das Loslassen zu- und danach weitergehen.

Der Gnade die Hand reichen

Gnade ist Güte und Achtung, die uns freiwillig und bedingungslos geschenkt werden. Gnade ist die Gewissheit von göttlicher Liebe und göttlichem Schutz, die uns zuteilwird, wenn wir Stärke und Erneuerung brauchen. Gnade hilft uns zu wissen, dass wir nicht allein sind; sie schenkt uns den Glauben, dass wir behütet und geliebt sind. Gnade ist wie ein Schluck kühles, klares Wasser in der Wüste.

Die Gnade Gottes, die Gnade der Freundschaft, die Gnade von Haustieren, die Gnade einfühlsamer und kompetenter Therapeuten, die Gnade der Natur, die Gnade der Hoffnung und die Gnade von Engeln umgeben uns in allen Situationen und Umständen. Wir für unseren Teil müssen an die Möglichkeit der Gnade glauben und unser Herz öffnen, um sie von all denen annehmen zu können, die Trost und Hilfe bieten.

Ich liebe die folgende Versicherung des Schriftstellers und Theologen Frederick Buechner: „Die Gnade Gottes bedeutet etwa Folgendes: ‚Hier ist dein Leben. Du bist vielleicht noch nicht gewesen, aber du bist, denn das Fest wäre ohne dich nicht vollständig. Hier ist die Welt. Wunderbare und schreckliche Dinge werden geschehen. Fürchte dich nicht. Ich bin bei dir. Nichts kann uns je trennen. Ich habe das Universum für dich geschaffen. Ich liebe dich.'

Es gibt nur einen Haken. Wie jedes andere Geschenk kann auch das Geschenk der Gnade nur dir gehören, wenn du die Hand ausstreckst und es annimmst.

Vielleicht ist es auch ein Geschenk, die Hand ausstrecken und es annehmen zu können."

Ob Sie die Hand ausstrecken und das Geschenk der Gnade annehmen können oder nicht, das wird durch Ihre innere Einstellung bestimmt. Der Fluss der Gnade, der Ihnen von Natur aus zufließen möchte, ist verstellt, wenn Sie nicht daran glauben, dass es für Sie Gnade gibt, oder wenn Sie meinen, Sie seien ihrer nicht würdig.

Die Gefühle, die durch das Geschenk der Gnade hervorgerufen werden, äußern sich bei jedem von uns in ganz unterschiedlicher Weise. Gnade kann einem das Gefühl geben, als sei man in einer liebevollen Umarmung geborgen. Oder sie kann bedeuten, dass in einem Geist, der durch Depressionen verdüstert ist, neue Hoffnung und ein Glaube an Möglichkeiten durchbrechen. Gnade kann lösen, was in Ihnen oder um Sie herum feststeckt. Und wunderbarerweise kann Gnade Ihnen das Geschenk der Gewissheit machen, dass Sie geliebt und liebenswert sind.

So praktizieren Sie …

- Werden Sie sich Ihrer Gefühle hinsichtlich der Existenz von Gnade bewusst.
- Wenn Sie am Geschenk der Gnade zweifeln, wer zweifelt dann in Ihnen? Fragen Sie die inneren Zweifler, was sie von Ihnen wollen und brauchen. Erfüllen Sie ihnen ihre Wünsche.
- Stärken Sie Ihren Glauben, indem Sie langsam einatmen und dabei sagen: „Danke …“ und ausatmen: „… für das Geschenk der Gnade“.
- Reichen Sie in Zeiten der Not der Gnade Ihre Hand, indem Sie einatmen: „Ich nehme an und heiße willkommen …“ und ausatmen „… das Geschenk der Gnade“.

Und im Laufe des Tages …

- Achten Sie bewusst darauf, überall Geschenke der Gnade wahrzunehmen.

Sie biegen sich im Wind
Weidenzweige
zeigen Gnade und Anmut

KAPITEL 6

Ein offenes Herz bewahren

Ein offenes Herz ist die Brücke
zwischen Himmel und Erde.

Ihr eigenes Herz Ihnen selbst und anderen gegenüber zu öffnen und es erneut zu öffnen, wenn es sich im Angesicht von Gefahr, Verzweiflung und Enttäuschung verschlossen hat, das könnte vielleicht die größte Aufgabe Ihres Lebens sein. Weil wir verletzliche menschliche Wesen sind, die zur Selbstverteidigung neigen, ist es eine fortwährende Herausforderung, innerlich offen zu bleiben. Doch mit dem aufrichtigen Wunsch, unser Herz offen zu halten, sowie mit tiefem Verständnis und Annahme für die Tatsache, wie schwierig das ist, kann es immer öfter gelingen, offene Herzlichkeit zu bewahren.

Anfang dieses Jahres war meine Stimmung so düster, wie die Straßen nach dem Schneesturm grau und gefährlich waren. Die Dinge hatten sich nicht so entwickelt, wie ich wollte, und ich fühlte mich wie eine zähneknirschende, überforderte, engherzige Hexe, deren Nervenkostüm bis zum Zerreißen gespannt war. Während ich zu einem Termin in die Stadt fuhr, betete ich: „Bitte, liebe Engel, Gott, alle meine Begleiter und Beschützer: Ich brauche Hilfe, um mein Herz wieder zu öffnen!" Nichts geschah. Kein Wunder, keine warmen, innigen Gefühle, nur meine fortwährende Versicherung an mich selbst, dass Bewusstheit der erste Schritt zur Veränderung ist, und das schmerzhafte Gefühl meines verkniffenen Herzens.

Während ich mühsam durch die vereisten Straßen rutschte, sah ich ein Polizeiauto, das eine Seitenstraße versperrte. Beim Näherkommen erkannte ich auch, warum der Wagen so schräg stand: Eine Polizistin war dabei, einer älteren Dame sanft und behutsam über den rutschigen Zebrastreifen zu helfen. Dieser kleine Scherenschnitt an menschlicher Freundlichkeit ließ bei mir die Tränen fließen und war eine wunderbare Antwort auf mein Gebet! Es war der Anfang des bitter nötigen Tauwetters in meinem Herzen.

Ehe wir nicht vollkommen erleuchtet sind, wird unser Herz immer wieder den Kreislauf von offen und verschlossen, eisig und fließend durchmachen. Um für mehr Offenheit statt Verschlossenheit zu sorgen, ist es ungeheuer wichtig, dass Sie ein Klima des liebevollen Verständnisses für sich selbst aufrechterhalten, und zwar sowohl in Zeiten des Eises als auch in Zeiten des Fließens.

Eine Revolution der Liebenswürdigkeit starten

Ich glaube, es ist kein Zufall, dass unsere Art Menschheit genannt wird (auf Englisch ein Wortspiel: humankind, wobei „kind" auch freundlich, liebenswürdig bedeutet; Anm. d. Ü.). Was wäre, wenn wir – einfach nur Sie und ich – das Versprechen abgeben würden, ganz bewusst in jeden einzelnen Tag unseres Lebens liebenswürdiges, freundliches Verhalten einziehen zu lassen? Wir würden eine Revolution der Liebenswürdigkeit starten. Tun wir es doch einfach. Werden wir zu den sprichwörtlichen Kieselsteinchen, die in den Teich geworfen werden, und senden wir jeden Tag immer größer werdende Ringe von Menschlichkeit in die Welt hinaus. Jene, die im Herzen von unserer Freundlichkeit berührt sind, werden hoffentlich ermutigt sein, sie weiterzugeben, und so wird eine Revolution von dringend benötigter Menschlichkeit einsetzen. Lassen Sie uns unserem Namen – Menschheit – gerecht werden, indem wir uns zu seiner Bedeutung – Menschlichkeit – hinentwickeln: zu Menschen, die sich konsequent liebevoll und freundlich verhalten.

Auf seine wunderbar herzliche, freundliche Art ist der Dalai Lama bereits ein Revolutionär der menschlichen Güte. Er stellt fest: „Dies ist meine einfache Religion. Es braucht keine Tempel, keine komplizierte Philosophie. Unser eigener Geist, unser eigenes Herz ist unser Tempel, und die Philosophie heißt Menschlichkeit." Eine der Segnungen des Glaubens an eine Philosophie der Güte besteht darin, dass Güte sowohl das Herz des Gebenden als auch des Empfangenden aufgehen lässt.

Ein anderer großer Philosoph, Pu der Bär, ist ebenfalls ein Mitglied der Freundlichkeitsriege. Er erklärt einem Freund im Tausend-Morgen-Wald: „Bloß weil ein Tier groß ist, heißt das nicht, dass es keine Freundlichkeit braucht. Wie riesig Tigger auch sein mag: Denk daran, dass er genauso viel Freundlichkeit braucht wie Roo!" Es ist sehr nützlich, sich an Pus Lektion zu erinnern. Ganz gleich, wie groß und stark jemand aussieht – er braucht und will doch ebenso sehr freundliche Zuneigung wie wir selbst. Welch bessere Begleiter könnten wir zur Seite haben, wenn wir unsere kraftvolle, herzöffnende und herzerwärmende Revolution der Liebenswürdigkeit starten, als den Dalai Lama und Pu den Bären?

So praktizieren Sie …

- Denken Sie im Großen. Wir können einen gewaltigen Einfluss haben.
- Handeln Sie im Kleinen. Jeder Akt der Liebenswürdigkeit, ganz egal wie klein, bewirkt Großes.
- Schreiben Sie sich auf einen Zettel Worte wie „Liebevoll und freundlich sein" und hängen Sie ihn dort auf, wo Sie ihn gut sehen können. Dadurch unterstützen Sie Ihre Absicht, sich jeden Tag liebevoll zu verhalten.
- Halten Sie inne, ehe Sie handeln oder sprechen, und fragen Sie sich: „Was ist in dieser Situation liebenswürdig und freundlich?"
- Entscheiden Sie sich für die Freundlichkeit.
- Klopfen Sie sich selbst auf die Schulter und würdigen Sie Ihre eigene Güte und Freundlichkeit. (Dadurch vertiefen Sie den Glauben an sich selbst und lassen freundliches Verhalten zu einer festen Gewohnheit werden).

Und im Laufe des Tages …

- Nehmen Sie bewusst Akte der Freundlichkeit vor.

In Gedanken, Worten und Taten
freundlich zu sein öffnet das Herz.

Freiheit in der Vergebung finden

Nichts lässt die Tür Ihres Herzens krachender zufallen, als wenn Sie auf jemanden böse sind, einen Groll hegen, in einer Abneigung schmoren oder Widerstand leisten gegen das, was ist oder was war. Die Unfähigkeit zu vergeben bindet uns an die ursprüngliche Verletzung und an denjenigen, der uns verletzt hat. In einem Zustand von Wut oder Verletztheit zu verbleiben und – wenn auch noch so insgeheim – auf Rache zu sinnen ist so, als schleppe man innerlich einen Kessel voll kochender Galle mit sich herum in der Hoffnung, dass diese irgendwie den anderen versengen möge. Leider wird das nicht geschehen. Vielmehr wird die Galle des Nichtvergebens mit Sicherheit einem selbst Schaden zufügen. Wenn man an einer Ungerechtigkeit festhält, wird der Fluss der guten Lebensenergie blockiert, das Immunsystem strapaziert und die Empfindung von Lachen, Liebe und Freude erschwert. Ironischerweise hat der Mangel an Vergebung folgenschwere Auswirkungen auf uns selbst, wohingegen er sich auf die Person, auf die wir zornig sind, gar nicht oder nur unwesentlich auswirkt.

Der Gedanke, dass Vergebung die beste Rache sei, könnte stimmen. Vergebung befreit uns von der Vergangenheit, verleiht uns die Kraft zum Weitergehen und gibt uns die Fähigkeit zurück, beherzte, liebevolle und lichterfüllte Entscheidungen zu treffen. Aufgrund der enormen Vorteile, die sie dem Verzeihenden beschert, könnte man Vergebung fast als eine eigennützige Handlung betrachten. Mit Sicherheit ist es ein Akt der Selbstliebe.

Was mich zum grundlegendsten Aspekt der Vergebung bringt: zur Notwendigkeit, sich selbst zu vergeben. Uns selbst zu vergeben beinhaltet, dass wir Wiedergutmachung leisten bei dem, den wir beleidigt oder verletzt haben, dass wir aus unseren Fehlern lernen und dass wir es bewusst vermeiden, dasselbe noch einmal zu tun. Sich selbst zu vergeben schließt auch mit ein, dass Sie denjenigen Menschen akzeptieren, der Sie zum Zeitpunkt des Geschehens waren, indem Sie erkennen, dass Sie anders gehandelt oder gesprochen hätten, wenn Sie gewusst hätten, wie. Die meisten von uns müssen sich selbst für etwas vergeben, das sie unabsichtlich oder gedankenlos gemacht oder gesagt haben. Wenn Sie allerdings jemanden bewusst verletzen, dann kann das ein Zeichen für tief sitzenden Zorn und für Verletzungen sein, die möglicherweise über Ihre Fähigkeit, sich selbst zu heilen, hinausgehen. Falls dies bei Ihnen der Fall ist, dann machen Sie sich bitte selbst das Geschenk einer Therapie.

So praktizieren Sie …

- Werden Sie sich, ohne zu urteilen, bewusst, welchen Menschen Sie vergeben müssen, einschließlich Ihrer selbst.
- Lassen Sie ein Bild dieses Menschen vor Ihr geistiges Auge treten, während Sie tief und rhythmisch atmen. Bitten Sie darum, dass göttliche Liebe in Sie ein- und durch Sie hindurch zu diesem Menschen hinfließen möge und sagen Sie im Stillen: „Ich vergebe dir und lasse meine Gefühle von … los." (Es hilft dem Fluss des Verzeihens, wenn man sich den betreffenden Menschen als unschuldiges Kleinkind vorstellt. Diese Methode kann besonders wertvoll sein, wenn man seinen Eltern vergeben möchte.)
- Entschuldigen Sie sich oder leisten Sie Wiedergutmachung, wenn das nötig ist.

Und im Laufe des Tages …

- Bekräftigen Sie Ihre Absicht, vergeben zu wollen.
- Schaffen Sie sich persönliche Rituale des Loslassens und der Vergebung, die Ihnen Frieden schenken.

Vergebung ist Freiheit.

Eine Freundin sein

Vertrauenswürdige Freunde zu haben ist ein Muss. Zweifellos werden die meisten unserer engsten und liebsten Freunde Frauen sein, weil wir alle die gleiche Art von Herzensverbindung und ehrlichem Austausch von Gefühlen wollen und brauchen.

Wahre Freundinnen sehen, wer wir wirklich sind, sie hören unsere Worte und die Gefühle, die dahinterstehen, sie halten uns im sicheren Hafen ihrer Umarmung und sie nehmen uns so, wie wir sind. Gute Freundinnen spiegeln uns das Beste in uns zurück, sie verzeihen uns das Schlimmste und sie glauben fest daran, dass wir uns zu weisen, witzigen und wunderbaren Weibsbildern entwickeln werden. Liebe Freundinnen schenken uns ihre ungeteilte Aufmerksamkeit, sie bringen uns zum Lachen und sie verleiten uns zur Albernheit. Und wir selbst tun genau dasselbe für sie.

Eine wahre Freundin gibt uns den Mut, wir selbst zu sein, weil wir wissen, dass sie immer und unter allen Umständen zu uns stehen wird. In der Sicherheit einer solchen Freundschaft können wir unser Herz vollkommen öffnen.

Ich weiß nicht, wie ich den Zusammenbruch meiner ersten Ehe ohne meine Freundinnen hätte überstehen sollen. Eine davon hat mit mir an dem Abend, als ich herausfand, dass mein Mann mich betrogen hatte, geschimpft und gewettert. Gemeinsam schmiedeten wir Pseudopläne, wie wir ihn auf die grausigste Weise in der Luft zerreißen könnten. Wir brüllten vor Lachen und heulten vor Verletztheit, Empörung und, was mich betrifft, glatter Panik. Und dann brachte sie mich ins Bett. Während des langen Prozesses der Ablösung haben mir meine Freundinnen Mut gemacht, sie haben mich getröstet und mir schließlich einen liebevollen Tritt versetzt und mir – mit einiger wohlbegründeter Ungeduld – zu verstehen gegeben, dass ich endlich wieder vorwärtsgehen solle. Sie hatten recht, und ich habe ihren Rat befolgt.

Tja, und jetzt die schwierigere Frage: Sind Sie sich selbst eine vertrauenswürdige, hingebungsvolle Freundin? Behandeln Sie sich selbst mit ebenso viel Liebe und Unterstützung, wie Sie ihre drei besten Freundinnen behandeln? Vor meiner Scheidung hätte ich diese Fragen nicht mit Ja beantworten können. Mein Selbstwertgefühl war im Keller und mein Angstpegel sprengte alle Grenzen. Doch indem sie weiterhin freundschaftlich zu mir standen, als ich mich wie ein jämmerlicher Versager fühlte, haben mir Frauen – und auch ein paar wunderbare Männer – geholfen, langsam damit anzufangen, an mich selbst zu glauben, und zwar auf eine Weise, wie ich es vorher nicht gekannt hatte. Dass ich gelernt habe, mir selbst eine liebe Freundin zu sein, das war womöglich der größte Segen, den mir diese schmerzhafte Erfahrung beschert hat.

So praktizieren Sie …

- Entscheiden Sie sich bewusst, sich selbst ebenso gut zu behandeln wie liebe Freundinnen, auch wenn es sich gekünstelt anfühlt.
- Sagen Sie einer Freundin, wie sehr Sie sie schätzen.

Und im Laufe des Tages …

- Nähren Sie Freundschaften durch Liebenswürdigkeit, Verständnis, Empathie und gemeinsames Lachen.
- Setzen Sie sich durch ein großes oder kleines Zeichen mit einem befreundeten Menschen in Verbindung.

Seien Sie sich selbst eine Freundin, und Sie werden ganz von selbst auch für andere eine Freundin sein.

Wissen, dass wir liebenswert sind und geliebt werden

Das Vertrauen, dass Sie liebenswert sind und geliebt werden, ist eines der besten Mittel, um das Herz zu öffnen. Wenn man sich innerlich liebenswert und geliebt fühlt, wird es leichter, nach außen hin Liebe zu zeigen. Wenn es Ihnen schwerfällt, sich geliebt zu fühlen und zu glauben, dass Sie liebenswert sind, können Sie anfangen, positivere Einstellungen und Gefühle zu entwickeln, indem Sie das Kind, das Sie einmal waren, annehmen, lieben und heilen. Dieses Kind lebt nämlich in Ihnen und hegt vielleicht immer noch die Befürchtung, es sei es nicht wert, geliebt zu werden.

Bis zum Alter von sechs oder sieben Jahren glauben Kinder, dass sich die ganze Welt um sie selbst drehe und dass sie folglich alles selbst verursachen, was innerhalb ihrer Sphäre geschieht. Wenn ein Kind stets nur bedingungslose Liebe erführe und sich immer darauf verlassen könnte, dass die Erwachsenen und die Welt es nicht enttäuschten, so wäre das wunderbar. Doch so ist die Kindheit nur selten. In der realen Welt läuft einfach manches schief, und die Menschen sind unvollkommen. Wenn Kinder glauben, sie selbst seien die Ursache für alles Übel, können sie zu der Folgerung gelangen, dass sie fehlerhaft und nicht liebenswert seien.

Obwohl Sie vom Kopf her genau wissen, dass Sie an den Umständen Ihrer Kindheit keine Schuld haben, trägt Ihr inneres kleines Mädchen vielleicht immer noch einen Rest Scham mit sich herum, der von dem Glauben stammt, es sei irgendwie schlecht. Meine Bekannte Shanti zum Beispiel, eine hübsche und begabte junge Frau, verliert die Frau, die sie geworden ist, immer wieder aus den Augen, wenn das Kind, das sie einmal war, durch Angst, Versagen oder Unsicherheit wieder auf den Plan gerufen wird. Als jüngste Tochter einer narzisstischen, aggressiven Mutter war Shanti deren Lieblingsopfer. Weil sie „nichts richtig machen" und sich nie auf ihre unberechenbare Mutter verlassen konnte, hat sich Shanti während ihrer entscheidenden Kindheits- und Jugendjahre unsicher und ungeschützt gefühlt.

Aufgrund ihrer tiefen Verletzungen ist es für Shanti nun nicht leicht, sich liebenswert zu fühlen, aber ich bin der Meinung, dass sie es eines Tages ganz von selbst schaffen wird, da sie absolut dazu entschlossen ist, ihr inneres Kind zu heilen und als eine starke, liebende Frau im Heute zu leben.

Ein verwundetes Herz ist verletzlich und doch zu großem Mitgefühl fähig. Wir alle sind in gewissem Maße verwundet, aber jede von uns besitzt die Fähigkeit, zu heilen und ihr Herz zu öffnen. Ein offenes Herz ist ein kraftvoller Sendbote für alles Liebe und Gute. Jedes offene Herz erhöht die Schönheit und das Mitgefühl in der Welt.

So praktizieren Sie …

- Lassen Sie Ihren Geist zur Ruhe kommen, indem Sie sich einige Minuten lang ausschließlich auf Ihren Atem konzentrieren.
- Visualisieren Sie Ihr inneres Kind: ein kleines Mädchen, das glücklich und verspielt ist und das alles bekommt, was es sich wünscht und was ihm zusteht.
- Segnen Sie jeden negativen Gedanken oder jegliches Bild, das aufkommt. Segnen Sie es, und lassen Sie es los. Kehren Sie behutsam zum Hier und Jetzt Ihres Atems zurück.

Und im Laufe des Tages …

- Lieben Sie Ihr inneres Kind.

Sie sind Gottes geliebte Tochter,
vollkommen liebenswert und immer geliebt.

Dankbarkeit walten lassen

Dankbarkeit ist der goldene Schlüssel, mit dem Sie Ihr Herz aufschließen können. Dankbar sein bedeutet, die kostbaren Geschenke des Lebens wahrzunehmen und wertzuschätzen. In den Segnungen und im Reichtum, die uns das Leben bietet, zu schwelgen, schenkt uns das Gefühl von Wohlbehagen, Liebe, Überfluss und Begeisterung. Indem wir das Positive im Leben herausheben und es würdigen, geben wir dem Herzen Mut, sich zu entfalten – so wie das warme Sonnenlicht, das eine Blume zum Erblühen bringt.

Ein weiser Mensch hat einmal gesagt: „Dankbarkeit erzeugt große Fülle." Aus der großen Fülle heraus können wir leicht und mühelos an Mutter Erde und an all ihre Kinder weitergeben. Aus der Fülle zu schenken ist ein Geben ohne Bedingungen, ohne Erwartungen – aber aus Pflichtgefühl heraus zu geben, wenn wir uns ausgelaugt fühlen, kann uns noch mehr auszehren und mit Erschöpfung, Groll und Wut einhergehen.

Paradoxerweise ist es, gerade wenn wir uns leer und nutzlos fühlen, genau das selbstlose Geben, was notwendig ist, damit unser Herz wieder große Fülle erfährt. Anderen etwas zu geben, die weniger begünstigt sind oder die gerade Schweres durchmachen, das aktiviert Dankbarkeit in uns selbst – Dankbarkeit für unsere eigenen Segnungen, Dankbarkeit dafür, dass wir von Nutzen sein können – sowie Ehrfurcht und Dankbarkeit für die Inspiration durch Menschen, die große Widrigkeiten überstehen. Wenn Sie sich ausgelaugt und leer fühlen, dann lassen Sie Ihren Geist ruhig werden und richten Sie Ihre Aufmerksamkeit behutsam auf Ihre eigenen Bedürfnisse. In ruhiger Stille kann Klarheit eintreten, so dass Sie wissen werden, ob Sie nach außen gehen oder sich nach innen wenden müssen, um zu diesem Zeitpunkt ein Gleichgewicht wiederherzustellen.

Versuchen Sie sich – als Achtsamkeitspraxis oder um sich aufzufüllen, wenn Sie ausgelaugt sind – in Dankbarkeit. In einer Haltung der Dankbarkeit entsinnen wir uns unseres Ursprungs und verbinden uns wieder mit der Essenz der Seele. Eine französische Redensart besagt: „Die Dankbarkeit ist des Herzens Gedächtnis." Wenn Sie zur Dankbarkeit erwachen und sich all dessen bewusst werden, wofür Sie dankbar sein können, finden Sie sich in den Armen des Göttlichen wieder, wo Ihr Herz offen werden und so natürlich Liebe schenken kann wie ein Bach, der sprudelnd aus seiner Quelle hervorquillt.

So praktizieren Sie …

- Nehmen Sie sich bewusst vor, jeden Tag Dankbarkeit walten zu lassen.
- Seien Sie, ehe Sie morgens aus dem Bett aufstehen, dankbar für einen neuen Tag in Ihrem Leben. Lassen Sie ein schlichtes Gebet nachfolgen, etwa so:
- Danke für den heutigen Tag. Bitte hilf mir, ihn in Würde, Dankbarkeit, Freude und Kraft zu verbringen.
- Ersetzen Sie während des Tages Gedanken der Angst ganz bewusst durch Gedanken der Dankbarkeit und der Freude.
- Erinnern Sie sich, ehe Sie am Ende des Tages einschlafen, an mindestens zwei Menschen, Erlebnisse oder Dinge, für die Sie dankbar sind. Erfahren Sie diese warmen Gefühle noch einmal so tief wie nur irgend möglich.

Und im Laufe des Tages …

- Nehmen Sie sich jede Stunde einen Moment lang Zeit, um ganz bewusst auf etwas zu achten, wofür Sie dankbar sind.

Dankbarkeit füllt ein durstiges Herz auf, bis es überquillt.

Gutes erwarten

Obwohl sie nicht greifbar sind, stellen Gedanken, Erwartungen und Überzeugungen kraftvolle, magnetische Realitäten dar, die Energien und Erfahrungen zu uns heranziehen, die mit dem übereinstimmen, was wir aussenden. Gutes zu erwarten heißt, eine Einladung an das Universum auszusenden, mehr Gutes in unsere Richtung zu schicken. Wenn Sie beispielsweise erwarten, dass dieser Tag ein guter sein wird, so wird er das höchstwahrscheinlich auch wirklich sein. Wenn Sie hingegen erwarten, dass er miserabel werden wird, so stellt das Gesetz der Anziehung nur allzu oft sicher, dass auch diese Erwartung erfüllt werden wird.

Es gibt Momente, wo es keinen besonderen Unterschied in Ihrem Leben zu machen scheint, ob Sie glauben, dass das Gute schon da sei, oder erwarten, dass es zu Ihnen unterwegs sei. Wir brauchen Geduld, denn unsere Zeit und Gottes Zeit sind oft verschieden. Auch kann Gottes Art, uns Gutes zukommen zu lassen, ganz anders aussehen, als wir es erwartet hätten. Ja, es scheint manchmal tatsächlich so auszusehen, als ob sich Gott an einer guten Schnitzeljagd erfreue und Spaß daran habe, das Gute für uns in etwas zu verbergen, das auf den ersten Blick wie ein Misthaufen aussieht.

Wenn ich gewusst hätte, dass aus den Kämpfen, die mir das Leben so großzügig beschert hat, eine Karriere als Psychotherapeutin und Schriftstellerin resultieren würde, hätte ich dem Schmerz dann weniger Widerstand geleistet? Das weiß ich nicht, doch rückblickend weiß ich sehr wohl, dass Widrigkeiten mich zu einer stärkeren Frau gemacht und mir den Anstoß gegeben haben, zwei Karrieren zu entwickeln, die meine Leidenschaft sind und der Welt hoffentlich ein wenig helfen können.

Es ist sehr viel leichter, Gutes zu erwarten, wenn Sie daran glauben, dass Gott (oder setzen Sie bitte Ihre eigene Bezeichnung für das Göttliche ein) Ihnen wohlgesinnt ist und Ihnen nur Gutes will. Ich kann Max Lucados Überzeugung darin zustimmen, wie sehr Gott uns liebt. Er sagt: „Wenn Gott einen Kühlschrank hätte, würde ein Bild von Ihnen daran kleben“ (2006). Die Optimistin, zu der ich geworden bin, entscheidet sich bewusst dafür, ein gutes Ergebnis, eine wichtige Lektion und eine Chance der Inspiration in allem zu erwarten, was geschieht. Wenn mir das nicht möglich ist, achte ich auf meinen Atem und bleibe sicher und geborgen im jetzigen Augenblick, so gut es eben geht.

So praktizieren Sie …

- Werden Sie sich still Ihres Atems bewusst.
- Lassen Sie Ihren Atem sanft und mühelos tiefer werden.
- Kehren Sie zum normalen Atmen zurück und stellen Sie sich vor, dass Sie von Ihrem Herzzentrum aus ein- und ausatmen.
- Sagen Sie sich beim Einatmen: „Gott liebt mich.“ Sagen Sie sich beim Ausatmen: „Und ich liebe mich.“
- Legen Sie die Hände mit den Handflächen nach oben in Ihren Schoß und bitten Sie: „Bitte hilf mir, jeden Menschen, jedes Gefühl und jedes Erlebnis, das mir heute begegnet, sanft in den Armen zu wiegen, anstatt zu klammern.“

Und im Laufe des Tages …

- Achten Sie auf alles allerkleinste Gute, was Ihnen widerfährt, und würdigen Sie es.

Erwarten Sie das Gute. Nehmen Sie das Gute wahr.

Nehmen Sie es an.

Cheerleaderin sein

Als ich kürzlich über meine Bestimmung im Leben nachdachte, kam mir ein etwas absurder Gedanke in den Sinn: „Du bist eine Cheerleaderin.“ Aber halt mal, diese Antwort kommt doch ca. 50 Jahre und ein gerüttelt Maß an körperlicher Biegsamkeit zu spät … Doch je mehr ich darüber nachdachte, eine Cheerleaderin zu sein, desto mehr Gefallen fand ich an dem Gedanken. Finden Sie es etwa nicht schön, bei Ihren Unternehmungen angefeuert zu werden? Ist es nicht toll, ein begeistertes „Bravo! Gut gemacht!“ zu ernten, wenn Sie einen Erfolg verbuchen konnten? Und lindert es nicht das Gefühl, ganz allein dazustehen, wenn eine hilfreiche Freundin drängt: „Abwehr! Abwehr!“, falls Sie beleidigt oder schlecht behandelt werden?

Im Bewusstsein meiner eigenen Sehnsucht als Mädchen und junge Frau, von anderen angespornt zu werden, habe ich irgendwann bewusst die Entscheidung getroffen, andere anzuspornen. Zuerst musste ich mich noch selbst daran erinnern, anderen Applaus und Lob zu spenden, und ja, auch mir selbst konsequent und urteilsfrei diejenigen Lobeshymnen zuteilwerden zu lassen, an denen es mir in meiner Jugend und in meiner ersten Ehe so gemangelt hatte.

Zum Glück haben auch einige der Frauen, mit denen ich zu jener Zeit befreundet war, dringend einige Cheerleaderinnen gebraucht. Wir gaben einander Unterstützung, die so weit ging, dass wir manchmal brüllten: „Stehende Ovationen! Stehende Ovationen!“, und das bedeutete, dass diejenige Frau, die gerade Zuspruch wollte und brauchte, aufstehen und sich für unsere anerkennenden Rufe mit einer Verbeugung bedanken musste. Stehende Ovationen zu geben und zu empfangen war ein Heidenspaß und überraschend lohnend, sowohl für die Beifallspenderinnen als auch für die Empfängerin – wahrscheinlich deshalb, weil unser Herz weit und offen wird, wenn wir anderen dabei helfen, ein gutes Selbstwertgefühl zu haben.

Wenn wir das Positive betonen, indem wir das Gute in anderen, in uns selbst und in der Welt um uns herum sehen und wertschätzen, ziehen wir mehr Gutes an. Auch der Meditationslehrer und Autor James Baraz ist in seinem Newsletter der Meinung, dass „Cheerleading“ in diesem Sinne Gutes hervorrufen kann, wenn er schreibt: „Wir haben große Macht, das Gute in anderen zum Vorschein zu bringen, wenn wir danach Ausschau halten. Versuchen Sie, das zu sehen, was in anderen und im Leben um Sie herum gut ist. Richten Sie Ihre inneren Antennen darauf aus, was Sie an anderen schätzen. Die meisten Menschen werden das schnell spüren und sich in Ihrer Gegenwart entspannen. Außerdem werden sie das Gute in sich natürlicher ausstrahlen können.“ (2007)

So praktizieren Sie …

- Achten Sie auf Ihr Bedürfnis nach Anerkennung und gewähren Sie sich diese ohne Einschränkung. Es ist vollkommen in Ordnung, sich selbst durch stehende Ovationen zu belohnen!
- Halten Sie nach dem Guten in anderen Ausschau und beglücken Sie sie mit Anerkennung, Ermutigung und Applaus.
- „Hören und spüren Sie mit den Ohren des Herzens“, wie der Heilige Benedikt sagt.

Und im Laufe des Tages …

- Finden Sie Gründe, um sich selbst und andere zu würdigen.

Im Lichte von Anerkennung und Wertschätzung strahlen wir von innen heraus.

Liebevoll handeln

Die Liebe kann viele Formen annehmen: die romantische, die körperliche und die altruistische Liebe, die Liebe der Eltern und in der Familie und die unpersönliche Liebe, um nur einige wenige zu nennen. Die Liebe strömt von der Mitte unseres Herzens aus, und die Wissenschaft weiß mittlerweile, dass das Herz tatsächlich das kraftvollste Organ in unserem Körper ist, sowohl physisch als auch energetisch. Als höchste Form von Herzensenergie hat die Liebe eine erstaunliche Macht. Wenn wir lernen, uns dafür zu entscheiden, was sich in unserem Herzen richtig anfühlt, anstatt dafür, was dem Geiste logisch erscheint, werden wir die Welt auf verwandelnde, heilsame Art und Weise verändern.

Zwei Frauen, die ich kenne, haben bereits damit begonnen, ihre Welt zu verändern. Annes Motto lautet: „Liebe – Liebe sein, Liebe reden und Liebe tun." Als eine Überlebende von Krebs hat sie das, was wirklich wichtig ist, auf dieses eine reduziert: auf die Liebe. Nach ihren besten Kräften redet, handelt und verkörpert sie die Liebe jeden Tag ein bisschen mehr. Colleen versucht, ihr Herz zu öffnen und Liebe zu verbreiten, indem sie bei nahezu jeder Frage oder Entscheidung, der sie gegenübersteht, fragt: „Was würde die Liebe tun?" Ich könnte noch hinzufügen: „Was ist in diesem Moment und in dieser Situation die liebevolle Antwort, Handlung oder Einstellung?"

Im ersten Teil dieses Buches habe ich über die Umsetzung von Erkenntnis gesprochen, die durch unsere Praktiken unterstützt werden soll. Sie sieht folgendermaßen aus:

Einsicht ⟶ Bewusstheit ⟶ Handlung

Es ist zwar wunderbar, wenn man sich darauf besinnt, zu fragen, was die Liebe tun würde. Doch das ist nur der erste Schritt. Die Frage schenkt einem die Einsicht, was liebevoll wäre, die innere Bewusstheit verrät einem, welches Gefühl man hinsichtlich der gewonnenen Erkenntnis hat. Können Sie dem Rat Ihres Herzens freudig Folge leisten, oder verspüren Sie einen Widerstand gegen den Fingerzeig der Liebe? Eigentlich spielt es keine Rolle, wie die Antwort lautet – der entscheidende Schritt ist der nächste. Dass Sie sich bewusst entscheiden, in liebevoller Weise zu handeln, ganz egal, wie Ihr Gefühl ist.

Interessanterweise ist die Energie der Liebe so kraftvoll, dass sie oft wie ein Bumerang zu uns zurückkehrt und warme, innige Gefühle erzeugt, sogar wenn wir aus reinem Entschluss statt aus dem Gefühl heraus handeln. Uns für einen Akt der Liebe zu entscheiden kann unser Herz für das Empfinden der Liebe öffnen.

So praktizieren Sie …

- Fassen Sie den Entschluss, sich liebevoll zu verhalten.
- Atmen Sie einige Mal bewusst und tief durch, ehe Sie auf eine Situation reagieren. Fragen Sie: „Was würde die Liebe tun?" Lauschen Sie in Ihr Herz.
- Wenn Sie dann immer noch im Zweifel sind, dann schenken Sie sich etwas Zeit und Selbstannahme. Atmen Sie sanft in Ihr Herz hinein, wenn Sie an das Dilemma denken, und entspannen Sie sich im Bewusstsein, dass Sie, wenn die Zeit dazu reif ist, wissen werden, wie die Liebe durch Sie handeln möchte.

Und im Laufe des Tages …

- Entscheiden Sie sich, liebevoll zu reden, zu handeln und zu sein.

Ihr Herz zu öffnen,
ein Geschenk der Achtsamkeit:
liebende Güte.

KAPITEL 7

Weiche Macht entwickeln

Im Mittelpunkt deines Wesens liegt
die Antwort; du weißt, wer du bist,
und du weißt, was du willst.

LAO TSE

Als Austrägerinnen und Gebärerinnen von neuem Leben und als Mittelpunkt, um den unsere Familien kreisen, sind wir Frauen unwahrscheinlich stark und erstaunlich machtvoll. Einige von Ihnen werden die Ihnen innewohnende Stärke und Macht wohl etwas würdevoller erkannt und in Besitz genommen haben, als ich die meine. Als ich nämlich anfing, ein Gefühl von wachsender Stärke zu erlangen, bemerkte ich auch, dass ich mir eine Schale zulegte, die härter als notwendig war. Es war, als spürte ich die Notwendigkeit eines stählernen Panzers, der meine neu entdeckte Kraft beherbergen und mir im Angesicht derer den Rücken stärken sollte, die es lieber gehabt hätten, dass ich fügsam und nachgiebig geblieben wäre. Ich war in meiner Verkrampfung nicht allein.

Auch viele meiner neuerdings durchsetzungsfähigeren Klientinnen und Freundinnen erlebten eine unvertraute, unangenehme Verbissenheit und Härte.

Die Redensart „Wenn der Schüler bereit ist, wird der Lehrer erscheinen" wurde für mich bei einer „Croning"-Zeremonie* wahr, bei der sich zahlreiche Frauen versammelt hatten, um eine Freundin zu ehren. Diese hatte das Alter erreicht und die Weisheit gesammelt, die eine weise ältere Frau kennzeichnen. Während des Rituals benutzte die Rednerin den Begriff „weiche Macht", und mir ging ein Licht auf. Ich erkannte, dass ich die weichen und gefühlvollen Aspekte in mir, die Bereitschaft zum Umarmen, auf dem Altar der Selbstermächtigung geopfert hatte. Während dieses Geistesblitzes erkannte ich auch, dass ich beides haben kann.

Das Weiche und das Starke ergänzen einander. Die „weiche Macht" kann allerdings durch nicht abgeschlossene Angelegenheiten, einschränkende Glaubensüberzeugungen, durch alte Verletzungen und durch Angst verzerrt sein. Wenn wir achtsam und liebevoll emotionalen Schutt entfernen und unserem authentischen Selbst Raum geben, können wir ein Segen sein für die, die uns am Herzen liegen – und für die Welt im Allgemeinen –, indem wir ganz natürlich jene weiche Macht hervor- und zur Wirkung bringen, die unsere grundlegende Wesensnatur ist.*

---

* Anspielung auf „Crowning Ceremony", dt. *Krönungszeremonie;* modernes Ritual, bei dem eine Frau nach dem Klimakterium als „Crone", d. h. „weise Alte", geehrt wird; Anm. d. Ü.

Lose Enden zusammenknüpfen

Nicht abgeschlossene Angelegenheiten sind wie psychisches Treibgut. Nagende Gedanken darüber, was man hätte tun sollen, Reue darüber, was man getan hat oder was man nicht getan hat, oder fortdauernder Groll darüber, was einem selbst angetan worden ist, all das entzieht dem Hier und Jetzt Energie, indem die eigene Aufmerksamkeit in die Zukunft gelenkt oder in die Vergangenheit zurückversenkt wird. Da alles Leben im gegenwärtigen Moment liegt, neigen Bruchstücke von Unerledigtem eher dazu, einem Kraft zu entziehen, als dazu, einem neue Kraft zu verleihen.

Eine der wirkungsvollsten Möglichkeiten, lose Enden zusammenzuknüpfen, besteht darin, das zu tun, was getan werden kann, um die Dinge zu einem Abschluss zu bringen. Wenn die Steuererklärung fällig ist, dann machen Sie sie. Wenn Sie etwas wiedergutmachen müssen, dann tun Sie es. Wenn emotionaler Ballast Sie niederdrückt oder in der Vergangenheit gefangen hält, dann suchen Sie sich eine Therapeutin oder eine Freundin, die Ihnen dabei helfen kann, zu heilen, aufzulösen und loszulassen. Unterstützen Sie sich selbst während der ganzen Prozedur des Abschließens und der Befreiung von belastenden Gedanken durch eine annehmende Haltung und durch angemessenes Handeln.

Da unsere Gedanken dazu neigen, in eingefahrene Spuren zu verfallen und die gleiche alte Leier immer wieder abzuspulen – etwa reale oder nur in unserer Einbildung existierende Misserfolge, Verletzungen, Schuld- und Grollgefühle –, müssen wir Wege finden, die Weichen neu zu stellen und Zugang zu unserer eigenen inneren „weichen“ Kraft zu gewinnen. Wenn wir ständig an das denken, was uns schlechte Gefühle macht, ist das ein Zeichen, dass wir eine zu große Anhaftung an unsere persönlichen Geschichten entwickelt haben und vielleicht sogar eine suchtartige Abhängigkeit vom Adrenalin, das in uns produziert wird, wenn wir diese Geschichten wiederkäuen. Alte Geschichten und die damit einhergehenden Gefühle können zu einer falschen Identität werden. Doch das Umändern von zwanghaften Gedanken, das Erledigen von Unerledigtem und das Loslassen der Vergangenheit können uns helfen, zu der sanft-mächtigen Frau zu werden, die wir hier und jetzt sein können.

Die unten angeführte Atempraxis soll Sie dabei unterstützen, Ihren Geist aus dem Klammergriff unerledigter Angelegenheiten zu befreien. Sie nehmen die Gedanken neutral wahr und lassen sie sofort wieder los; das bricht die Fesseln eingefahrenen Denkens auf und hilft Ihnen, Ihr wahres Selbst im gegenwärtigen Moment zu erkennen.

So praktizieren Sie …

- Schließen Sie die Augen und richten Sie Ihre Aufmerksamkeit ausschließlich auf den Atem. Atmen Sie ganz natürlich.
- Wenn Gedanken aufkommen, so bezeichnen Sie diese mit einem neutralen Begriff, etwa mit „Denken“. Kehren Sie mit Ihrer Aufmerksamkeit sofort wieder zu Ihrem Atem zurück. (Es ist nichts Ungewöhnliches, dass dieser Vorgang viele, viele Male während einer Sitzung wiederholt wird).
- Beurteilen Sie Ihre Praxis nicht als gut oder als schlecht. Erkennen Sie einfach nur an, dass Sie praktizieren.
- Die Schlüssel zum Erfolg sind Übung und eine neutrale Haltung.

Und im Laufe des Tages …

- Tun Sie kleine Dinge, um lose Enden zusammenzuknüpfen.

Dieser Augenblick ist Ihr Kraftpunkt.

Die Weisheit des Körpers nutzen

Wäre es nicht schön, wenn wir rund um die Uhr einen weisen, intuitiven Berater zur Seite hätten? Sie haben Glück, denn Sie haben bereits einen: Ihren Körper! Unser Körper enthält uraltes Wissen. Wir leben buchstäblich in einem Tempel intuitiver, instinktiver Weisheit. Manchmal achten wir darauf und nutzen die Weisheit des Körpers, aber leider gilt die Redensart „Sie lebte etwas außerhalb ihres Körpers" für nur allzu viele von uns.

Der bekannte Arzt und Autor Bernie Siegel ist der Überzeugung, dass unser Körper weitaus komplexer und faszinierender ist, als wir es ihm zugestehen, und dass viele Patienten die Weisheit des Körpers und seine Sinnhaftigkeit dazu nutzen, Angst zu überwinden. Von den Menschen, die wie durch ein Wunder geheilt wurden, sagt Dr. Siegel: „Sie konzentrieren sich auf den Sinn ihres Lebens und auf ihre göttliche Essenz, und sie leben diese auch. Sie projizieren ihre Probleme nicht auf andere, sondern sind bestrebt, die Welt schöner zu machen und in ihren Beziehungen Gutes zu erzeugen." (1986). Körper und Geist sind untrennbar miteinander verbunden; was den einen betrifft, betrifft auch den anderen. Dr. Siegel hat es so ausgedrückt: „Unser Problem liegt in unserer Fähigkeit, nachzudenken und uns Sorgen zu machen." Negative Gedanken und Sorgen ersticken die natürliche Ausrichtung des Körpers auf Gesundheit und Weisheit. In seinem Idealzustand kann man den Körper mit klarem, reinem Quellwasser vergleichen, das süß aus den Brüsten von Mutter Erde fließt. Selbst wenn es mit unreinen Substanzen verschmutzt wird, wird sich das Quellwasser von selbst reinigen. Natürlich braucht eine Quelle auch Zeiten, die frei von verschmutzenden Einflüssen sind, um sich sauber erhalten zu können, genau wie unser physisches, emotionales, geistiges und spirituelles Selbst Zeiten braucht, die frei von verschmutzenden, kränkenden Gedanken der Angst und des Grolls sind, um bestmöglich funktionieren zu können.

Unser Körper ist nicht nur ein mit Weisheit gefüllter Tempel, sondern er ist auch das eine und einzige Fahrzeug, das uns durch unser Leben trägt. Das physische Fahrzeug benötigt Pflege, Fürsorge, gute Nahrung, Bewegung, Wasser, medizinische Zuwendung und Zeit zum Erholen und Ausruhen. Der Tempel der Weisheit benötigt positive Gedanken und Einstellungen, damit er strahlend und rein bleibt. Auch gedeiht der Körpertempel am besten, wenn wir auf seine angeborene Weisheit achten. Die Weisheit des Körpers zu nutzen, das kann etwas so Einfaches sein wie zu bemerken, dass man einen Erholungsschlaf braucht, und sich, wenn möglich, einen zu gönnen, oder etwas so Wunderbares wie die Verwandlung einer lebensbedrohlichen Krankheit in ein ganzes gut gelebtes Leben.

So praktizieren Sie …

- Richten Sie Ihre Aufmerksamkeit und Ihren Atem auf Ihren Körper. Atmen Sie tief in alle Stellen hinein, wo Sie Schmerzen, Anspannung oder unangenehme Empfindungen jeglicher Art spüren.
- Während Sie in diese schwierigen Bereiche hineinatmen, danken Sie ihnen für all das, was diese für Sie tun. Stellen Sie sich vor, wie Sie Entspannung und Heilung in diese Stellen hineinatmen.

Und im Laufe des Tages …

- Achten Sie auf Ihren Körper und hören Sie auf ihn.

Körperweisheit:
frühzeitig wahrnehmen, unverzüglich honorieren.

Projektionen zurückspulen

Ein hervorragendes Anzeichen für weiche Macht ist es, wenn man die Reife besitzt, die Verantwortung für die eigenen Gefühle und für das eigene Verhalten zu übernehmen. Zu verleugnen, was in uns ist, lässt es nicht weggehen. Nicht erkannte und nicht gelöste Gefühle verstecken sich gerne wie Schlangen unter einem Stein, wo sie warten, bis sie provoziert werden und hervorschnellen, in der Regel in Form von unangemessenem, verletzendem Verhalten. Leider sind die, die es trifft, oftmals unsere Nächsten.

Jemand anderem die eigenen Probleme überzustülpen, das nennt man Projektion. Der Vorgang des Projizierens kann durch den Vergleich mit einem Filmprojektor beschrieben werden. Der Projektor ist sich des Inhalts eines Films oder einer DVD nicht bewusst; er wirft die Bilder automatisch auf eine leere Leinwand. Die Person mit den versteckten Problemen ist der Projektor, ihre vergrabenen Gefühle sind der Inhalt des Films oder der DVD, und derjenige, auf den projiziert wird, ist die leere Leinwand, auf die die aufgestaute Energie des anderen auftrifft.

Meine Klientin Marg hat sich vor dem Tod ihres Vaters monatelang liebevoll und pflichtbewusst um ihn gekümmert. Dessen Generation glaubte noch, dass wahre Männer stark und ruhig zu sein und stets alles im Griff zu haben hätten. Als intelligenter, gut aussehender Mann, der vieles erreicht hatte, hatte er nie die Notwendigkeit verspürt, sich seiner Verwundbarkeit bewusst zu werden oder seine Verletzungen zu heilen. Die emotionalen Verletzungen, die er im Krieg erlitten hatte, waren mitsamt allen anderen begraben worden – auch mit der Angst vor Verfall und Tod. Als Margs Vater nun zunehmend schwächer wurde und immer mehr auf andere angewiesen war, begann die Energie ungelöster Konflikte bei ihm hervorzubrechen. Jahrelang versteckte Gefühle wurden auf Marg als deren Fehler projiziert. Obwohl Marg die psychologischen Hintergründe seiner Angriffe verstand, war sie verständlicherweise am Boden zerstört.

Da die wenigsten von uns bereits vollkommen erleuchtet sind, werden wir gelegentlich Eigenes auf andere projizieren. Wir können allerdings die große Mehrheit unserer Projektionen zurückspulen, indem wir unsere verborgenen Gefühle aufdecken, sie heilen und die Verantwortung dafür übernehmen. Wenn Sie tatsächlich jemand anderen durch Wort oder Tat verletzt haben, dann forschen Sie gründlich nach Gefühlen bei sich selbst, die dieses Verhalten hervorgerufen haben könnten, und untersuchen Sie sie gut. Holen Sie problematische Gefühle ans Licht des Bewusstseins und arbeiten Sie mit Liebe daran, diese Gefühle zu transformieren. Heilen Sie Beziehungen, indem Sie unfaire Projektionen zugeben und sich aufrichtig entschuldigen.

So praktizieren Sie …

- Halten Sie inne, ehe Sie etwas sagen, was verletzend sein könnte. Atmen Sie … Atmen Sie … Atmen Sie …
- Halten Sie noch eine Weile länger inne. Atmen Sie in Ihr Herz hinein.
- Fragen Sie sich, ohne zu urteilen: „Könnte es hier um etwas bei mir selbst gehen?“
- Wenn dem so ist, dann erforschen Sie sanft Ihre Gefühle mit dem Ziel, diese zu verstehen und zu transformieren.

Und im Laufe des Tages …

- Projizieren Sie Annahme auf sich selbst und auf andere.

Projizieren Sie das Licht der Liebe in die Welt hinaus.

Lieber authentisch sein anstatt perfekt

Authentizität ist erreichbar; Perfektion ist es nicht. „Authentisch" wird definiert als echt, vertrauenswürdig und realistisch, während die Definition von „perfekt" einem geradezu Angst einjagen könnte. Es bedeutet, der Beschreibung oder Definition eines Idealtypus' (z. B. die „Frauen von Stepford"?) absolut zu entsprechen, ohne jegliche Fehler, Makel oder Unzulänglichkeiten (eine sehr spezielle Rose vielleicht). Nach dieser Definition ist keiner, den ich kenne, perfekt, aber viele sind authentisch.

Menschen, die in ihrer eigenen Macht stehen, haben erkannt, dass jeder ein Gleichgewicht an Stärken und Schwächen, an Tugenden und Lastern besitzt, und können infolgedessen ihre eigenen gelassen annehmen. Es ist in der Realität manchmal schwieriger, unsere Tugenden und Stärken anzunehmen, als unsere Untugenden und Verletzbarkeiten zuzugeben und auszudrücken. Doch die guten Eigenschaften zu honorieren ist ein unverzichtbarer Schritt, wenn man die sanfte Macht der Authentizität entwickeln will. Als junge Frau fiel es mir in Zeiten der Unsicherheit und inneren Unzufriedenheit weitaus leichter, sozusagen meine eigenen Schattenseiten ins Rampenlicht zu stellen.

Wenn ich versuche, Anteile von mir selbst anzunehmen oder zu verändern, finde ich es hilfreich, diesen eine Persona zu verleihen, so als seien sie Darsteller im Lebensspiel des Jetzt. So ist mir beispielsweise ein zorniger Aspekt meiner selbst einmal als eine Nordmannfrau aus uralter Zeit erschienen, komplett mit schmiedeeisernem Brustpanzer und einem gewaltigen Schwert. „Brünhilde" brachte mich zum Schmunzeln und half mir, die Schuldgefühle über meine Wut zu lindern. Obwohl ich Brünhilde davon abhielt, ihr Schwert auf böswillige Art und Weise einzusetzen, half mir das bloße Wissen, dass sie eines bei sich hatte, für mich selbst geradezustehen, wenn mein Zorn authentisch und bewunderungswürdig war.

Meine Unterpersönlichkeit der Richterin mit schwarzer Robe nahm den Richterstuhl ein, griff sich ihren Hammer und hämmerte wie eine frustrierte, finster blickende Krähe damit herum. Meine Freundin Juju brachte mich zum Lachen, indem sie alle möglichen absurden Vorschläge machte, wie wir das Dilemma, über das ich mich so aufregte, lösen könnten. Gemeinsam erlaubten wir der Richterin, ihre melodramatischen Gefühle zum Ausdruck zu bringen, ohne dass dabei jemand verletzt worden wäre. Es hilft mir, authentisch zu bleiben, wenn ich meine dunkleren Seiten sich ein Weilchen austoben lasse, dabei versuche, sie mit Humor zu nehmen, und dann wieder bewusst die Verbindung zu lichteren, freundlicheren Unterpersönlichkeiten aufnehme.

So praktizieren Sie …

- Erstellen Sie eine Liste von Ihren Stärken und guten Eigenschaften.
- Sagen Sie, während Sie im Sitzen praktizieren, beim Einatmen: „Ich bin (oder habe) …“ und benennen Sie beim Ausatmen eine Ihrer Stärken oder Qualitäten. (Einatmend z. B. „Ich habe …“ und ausatmend „… viel Sinn für Humor!“)
- Richten Sie Ihre Aufmerksamkeit auf Ihre weniger akzeptablen Anteile. Wie können diese zur Ganzheit Ihres authentischen Selbst beitragen, ohne dass Sie zulassen, dass sie sich auf verletzende Art und Weise äußern?
- Werden Sie bewusst, erfreuen Sie sich daran und, wenn nötig, verändern Sie.

Und im Laufe des Tages …

- Achten Sie auf die Authentizität Ihrer Gedanken, Worte und Taten.

Werden Sie real.

Die eigene Stimme finden

Die einzigartige eigene Stimme zu finden, das ist für viele Frauen eine gewaltige Herausforderung. Als Teenager und noch bis weit über 20 musste ich mich andauernd räuspern und hatte oft das Gefühl, ich müsste an etwas ersticken. Das tat ich auch – an Worten, von denen ich glaubte, dass die Leute sie nicht hören wollten, an Gefühlen, von denen ich glaubte, sie nicht zum Ausdruck bringen zu können, an Selbstverurteilungen, an „sollte", „müsste" und anderen Ängsten. Nicht nur, dass die Gründe für mein Geräuspere mich einschränkten, auch der physische Vorgang selbst wirkte störend und ließ so manche meiner aussichtsreicheren Verabredungen den Bach hinuntergehen.

Damit meine Kehle frei bleiben konnte, musste ich meine Stimme finden. Es ist für mich bis zum heutigen Tag ein fortwährender Lernprozess, mich auf eine sanfte, doch selbstbewusste Weise zu äußern. Anna, eine Klientin von mir, die auch gerade daran arbeitete, ihre Stimme zu finden, kam eines Tages ganz aufgeregt in mein Büro gestürmt und konnte kaum an sich halten, als sie berichtete: „Gestern habe ich versucht, mich meinem Mann gegenüber verständlich zu machen. Er hat daraufhin gemeint, ich solle doch wieder in mein Mauseloch zurückkriechen." Sie hielt inne, um herzhaft loszulachen, und rief dann stolz aus: „Ich habe geantwortet: ‚Das geht nicht mehr. Ich hab's zugemauert!'" Weil sie den Mut gehabt hatte, sich verbal zu wehren, fühlte Anna sich mit neuer Kraft und Energie erfüllt.

Obwohl viele Frauen bereits ihre authentische Stimme gefunden haben und nicht mehr meinen, sie müssten sich selbst zum Schweigen bringen, brauchen einige von uns noch ein bisschen Ermutigung. Unsere Stimme bringt ja nicht nur Meinungen, Ideen und eine Kreativität zum Ausdruck, die einzigartig für uns sind, sondern sie hat auch eine ganz eigene Schwingung. Wenn wir unsere eigene Stimme als Ausdruck von Authentizität verwenden, wird eine Schwingung von Wahrhaftigkeit und Vertrauenswürdigkeit in die Atmosphäre entsandt, wo die Naturgesetze dafür sorgen, dass sich diese Qualitäten weiter ausbreiten. Stimmen sind mächtige Werkzeuge. Achtsam und liebevoll eingesetzt kann Ihre Stimme sowohl auf persönlicher als auch auf globaler Ebene Heilsames bewirken.

Verständlicherweise kann unsere Stimme nur in Reinheit und Weisheit erklingen, wenn wir auch daran glauben, dass diese Eigenschaften in uns wohnen. Die Meditationslehrerin Pema Chödrön benutzt ihre Stimme, um uns dazu einzuladen, uns selbst auf eine unbeschwerte, liebevolle Weise mit Neugier zu begegnen. „Die Meditation ist ein Prozess, bei dem uns leichter wird, bei dem wir darauf vertrauen, dass das, was wir haben, und der, wer wir sind, von Grund auf gut ist, und bei dem wir erkennen, dass jegliche Weisheit, die es gibt, bereits in dem, was wir haben, da ist. Der Schlüssel liegt darin, aufzuwachen, wacher, wissbegieriger und neugieriger in Bezug auf uns selbst zu werden.“ (2001)

So wie eine Kerzenflamme, die in der Dunkelheit deutlich zu sehen ist, kann eine einzige friedliche, liebevolle Stimme sogar inmitten von Hass und Horror Gehör finden. Möge unsere eigene Stimme unter den friedenstiftenden sein.

So praktizieren Sie …

- Richten Sie Ihre Aufmerksamkeit zur einen Hälfte auf Ihren Atem und zur anderen Hälfte auf die Wahrnehmung von Aspekten in Ihnen selbst, die gerade aktiv sind. Ob diese Aspekte nun dunkle oder helle sind, gesunde oder verletzte – nehmen Sie die Aspekte einfach nur wahr, so wie sie auftauchen, ohne darüber zu urteilen.
- Gestehen Sie sich sanft ein, wer in Ihnen lernen muss zu sprechen und wer lernen muss zu schweigen.
- Geben Sie sich die Erlaubnis, Ihre Stimme zu finden.

Und im Laufe des Tages …

- Bringen Sie Ihre Wahrheit sanft und freundlich zum Ausdruck.
- Oder beschließen Sie, aus Anstand (nicht aus Angst) zu schweigen.

Ihre eigene, einzigartige Stimme hat Gewicht.

Großzügigkeit vorschießen

Großzügigkeit ist sowohl für den Gebenden als auch für den Empfangenden von Nutzen. Tatsächlich sind die Früchte der Großzügigkeit so reich, dass man sagen kann, dass Großzügigkeit ebenso ein Akt von Selbstliebe wie von Altruismus sei. Der Adressat der Großzügigkeit eines anderen erhält Dinge und Zuwendungen, die ihm wertvoll sind, während dem Gebenden die positiven Gefühle zuteilwerden, die mit der Großherzigkeit in Zusammenhang stehen.

Eine Form von Großzügigkeit, über die wir bereits gesprochen haben, ist die Freundlichkeit. Da ich der Ansicht bin, dass man Freundlichkeit nicht oft genug anpreisen kann, möchte ich hier zwei Zitate wiedergeben, die mir am Herzen liegen und die die Großzügigkeit mit der Freundlichkeit auf eine Stufe stellen. Das erste stammt von Robert Brault: „Heute habe ich die Wahrheit gebeugt, um freundlich zu sein, und ich bereue es nicht, denn ich bin mir dessen viel sicherer, was freundlich sein heißt, als dessen, was wahr ist." Weil ich mir ebenfalls der Freundlichkeit viel sicherer bin als der Wahrheit, rührt dieses Zitat etwas in meinem Herzen an. Die zweite Weisheit ist von Ralph Waldo Emerson: „Du kannst nie früh genug etwas Freundliches tun, denn du weißt nie, wann es zu spät ist." Stimmt! Wenn Sie jemals einen Akt der Freundlichkeit oder der Großzügigkeit aufgeschoben haben, bis es zu spät war, so wie ich es getan habe, dann kennen Sie die Traurigkeit, die dann das eigene Herz erfasst.

Das Beste von den Menschen zu halten und ihnen so einen Vertrauensvorschuss zu schenken, das ist eine weitere Form von Großzügigkeit, die einem das Herz aufgehen lässt. An jemanden zu glauben, noch bevor alle Fakten bekannt sind, das ist so, wie den Angeklagten im Zweifel für unschuldig zu befinden. Wenn Sie schon einmal erlebt haben, dass man Sie falsch beurteilt hat, dann wissen Sie zu schätzen, wie wertvoll es ist, andere positiv zu beurteilen. Kürzlich hat mich eine mir bekannte Frau einer Handlung bezichtigt, die zu tun ich niemals auch nur in Betracht ziehen würde. „Kennen Sie mich denn nicht besser?", wollte ich fragen, traute mich aber nicht. Obwohl sie sich später entschuldigt hat, hat mich diese Erfahrung gründlich gelehrt, wie schmerzhaft es ist, hart und ungerecht bewertet zu werden.

Tatsächlich bin ich richtig dankbar, dass ich eine so kostbare Erinnerung daran erhalten habe, bei anderen Gnade vor Recht ergehen zu lassen. Wenn Sie dieses Buch der Reihenfolge nach lesen, wissen Sie bereits, dass ich eine mächtige „Richterin-Persona" in mir habe, die alle Lektionen in langsamerer Beurteilung und schnellerer Vergebung brauchen kann, die sie bekommt.

Üben Sie es, eher etwas zu großzügig zu sein, damit sich Ihr Herz – der Sitz der weichen Macht – leichter öffnen kann.

So praktizieren Sie …

- Zentrieren und beruhigen Sie Körper und Geist, indem Sie sich einige Minuten lang auf Ihren Atem konzentrieren.
- Wenn es jemanden gibt, den Sie beurteilen, oder jemanden, von dem Sie selbst sich beurteilt fühlen, lassen Sie ein Bewusstsein von dieser Person vor Ihrem geistigen Auge aufsteigen.
- Atmen Sie göttliche Liebe und Annahme tief in Ihre Herzensmitte hinein; atmen Sie die gleiche göttliche Liebe in Richtung derjenigen Person aus, die vor Ihrem geistigen Auge steht. Diese Person können auch Sie selbst sein.

Und im Laufe des Tages …

- Nehmen Sie jegliche Freundlichkeit und Großzügigkeit, die Ihnen selbst entgegengebracht werden, bewusst und mit Dankbarkeit wahr.

**Entscheiden Sie sich für Freundlichkeit
und für Großzügigkeit.**

Angst transformieren

Das eine, was wir für uns tun können und was uns am meisten Mut und Kraft verleiht, ist, unsere Angst umzuwandeln.

Angst enthält zwar eine gewaltige Kraft, doch diese trägt uns nicht voran und empor, sondern drückt uns vielmehr nieder und kettet uns an die Vergangenheit. Uns von der Angst zu befreien ist ein Akt der Liebe, denn wenn die Angst sich legt, kommen wir besser an die sanfte, zärtliche Macht unseres Herzens heran, was auf natürlichem Wege dazu führt, dass wir uns selbst und andere offener und vollkommener lieben können.

Es ist wichtig, zu erkennen, dass wir nicht unsere Angst sind – wir erfahren sie lediglich. Bitte akzeptieren Sie niemals eine Definition Ihrer selbst, die Sie mit Ihrer Angst gleichsetzt. Angst ist nicht etwas, was wir sind, sondern etwas, das wir haben. So haben Sie vielleicht schon einmal zu sich selbst gesagt: „Ich bin so ein Versager!“ Doch obschon Sie sich manchmal voller Angst und niedergeschlagen fühlen mögen, heißt das nicht, dass Sie ein Versager wären. Tatsächlich lässt Sie jeder bewusste Versuch, die Angst zu verwandeln, zu einem weisen und mutigen Gewinner werden.

Die folgende Übung nennt sich Disidentifikation. Sie ist genau das, was der Name andeutet: eine Technik, die Ihnen hilft, einen Schritt zurückzutreten und zu erkennen, dass die Angst (bzw. andere Emotionen oder Gedanken) nicht Sie selbst sind, sondern etwas, was Sie haben und was Sie ändern können. Die Disidentifikation nimmt der Angst die Kraft.

So praktizieren Sie …

- Denken Sie sich ein paar Sätze aus, die Ihnen gefallen und die aussagen, wer Sie sind oder werden wollen. Einige Beispiele:

Ich bin eine liebevolle und liebenswerte Frau.
Ich bin eine weise und wundervolle Frau.
Ich bin genau richtig so, wie ich in diesem Augenblick bin.

- Wenn eine Angst aufkommt, dann nehmen Sie sie wahr, benennen Sie sie und wiederholen Sie anschließend mehrere Male: „Ich habe Angst (zu versagen, vor großer Höhe, verlassen zu werden, vor Verabredungen etc.), aber ich bin nicht diese Angst!"
- Nehmen Sie sich etwas Zeit, um die Tatsache einzuatmen, dass Sie so viel mehr sind als jede Angst, die Sie haben mögen. Atmen Sie alle Überreste der benannten Angst in die Atmosphäre aus, damit sie sich dort in Licht und Liebe verwandeln kann.

Und im Laufe des Tages ...

- Verwandeln Sie die Energie von Angst in positive Energie, indem Sie bekräftigen, was Sie sind. Hängen Sie einen Satz Ihrer Wahl an die Feststellung der Disidentifikation an. Ich selbst könnte z. B. sagen: „Ich habe Angst vor Zurückweisung, aber ich bin nicht diese Angst. Ich bin eine einzigartige und wunderschöne Tochter des Göttlichen."
- Ich habe Angst zu / vor ....
  aber ich bin nicht diese Angst!

  Ich bin ....

Beherzte Frauen
verwandeln Angst und Furcht in
liebevolle Energie.

KAPITEL 8

Durch Vereinfachung zur Seelenruhe gelangen

Es spielt keine Rolle, ob jemand ein Bild malt, ein Gedicht schreibt oder eine Statue meißelt; immer ist Schlichtheit das Zeichen einer meisterlichen Hand.

ELISE DE WOLFE

Schlichtheit ist ein natürliches Nebenprodukt von Achtsamkeit. Indem wir unsere Konzentration auf eine einzige Person, ein Gefühl, eine Tätigkeit oder eine Sache richten, lassen wir überflüssiges und störendes Geplapper des Geistes in den Hintergrund treten. Was bleibt, ist die Bewusstheit des Augenblicks: das reine und schlichte Erfahren des Lebens, wie es sich Moment für kostbaren Moment entfaltet.

So wie Achtsamkeit unsere innere Landschaft vereinfacht, kann sie auch zur Vereinfachung unserer physischen Umgebung von Nutzen sein. Wenn wir darauf achten, welche Gegenstände wir schätzen und regelmäßig benutzen, und wenn wir feststellen, welche überflüssig geworden sind, können wir uns entscheiden, was wir behalten und was wir zum Recyceln geben möchten.

Ob Sie es glauben oder nicht, wir können unser Leben vereinfachen, wenn wir es wollen, und dadurch ruhiger und ausgeglichener werden. Es stimmt wirklich:

Einfaches bringt Ruhe. Einfaches bringt Frieden.

Durch Vereinfachen schaffen wir inneren und äußeren Raum; Raum lädt heitere Gelassenheit ein.

Die Evolution entlasten

Dr. Rick Hanson und Dr. Richard Mendius – deren Forschungsergebnisse über die Tendenz unseres Gehirns, negative Erfahrungen stärker hervorzuheben als positive, im 1. Teil erwähnt wurden – sind der Ansicht, dass unser Gehirn nicht weit genug entwickelt ist, um die Vielzahl an schnellen Stimulationen, mit denen es in unserer schnellen, technikverliebten Gesellschaft unablässig bombardiert wird, aufzunehmen und zu verarbeiten. Weil wir keine Androiden sind, wie Data aus dem Film *Star Trek – Die nächste Generation*, ist es ja wohl kein Wunder, dass wir uns gelegentlich vorkommen wie völlig überdrehte Zweijährige, die dringend einen Mittagsschlaf benötigen.

Ich hoffe, dass die folgende Analogie vom überlasteten Computer, die uns mein Sohn Brett erklärt, dazu beitragen wird, jegliches Schuldgefühl zu lindern, das Sie beim Gedanken an ein Vereinfachen haben mögen: „Als meine Mutter davon sprach, dass sich unser Gehirn noch nicht so weit entwickelt hat, dass es mit der Riesenmenge an Stimuli fertig wird, die ständig auf unsere Sinne einprasseln, kam mir der Gedanke, dass die Computer in ihrer Entwicklungsgeschichte ja eine ähnliche Herausforderung durchgemacht haben. Der Neokortex unseres Gehirns und der RAM- (Schreib-Lese-) Speicher eines PCs dienen jeweils als die organisierenden Verarbeitungszentren. Die Größe des RAM beim Computer bestimmt, wie schnell er ist und wie viele Aufgaben er gleichzeitig durchführen kann.

Die ersten PCs waren noch mit einem relativ kleinen RAM ausgestattet. Damals hat das gereicht, weil es noch kein Internet gab und der Bedarf an Informationsverarbeitung noch sehr gering war. Aber als das Internet entstand, wurden die Grenzen der Verfügbarkeit von Informationen weit über unsere kühnsten Vorstellungen hinaus gesprengt, und die Computer, die es gab, waren schnell veraltet. Jeder Versuch, mehr als eine oder zwei Anwendungen gleichzeitig zu bearbeiten, führte dazu, dass der Computer so langsam wurde wie eine Schnecke oder ganz hängen blieb.

So wie es beim Computer war, ist es auch mit unserem organischen Äquivalent. Die Sinnesreize und Informationen, die tagtäglich auf uns einströmen, haben so gigantische Ausmaße erreicht, dass unser Gehirn einfach nicht mehr mitkommt. Je mehr wir uns anstrengen, Schritt zu halten – denn das erwartet die Welt ja von uns –, desto mehr müht sich unser Gehirn, es wird immer langsamer und streikt dann vielleicht ganz. Gehen Sie also sanft mit Ihrem Gehirn um! Wenn Sie dafür sorgen, dass es immer nur eine Aufgabe nach der anderen bearbeitet, und zwar konzentriert und sorgfältig, dann werden Sie erstaunt und erleichtert feststellen, wie gut es arbeitet!"

So praktizieren Sie ...

- Wenn Sie sich überlastet und überfordert fühlen, dann entspannen Sie Ihren Körper und Geist, indem Sie ein paarmal tief durchatmen. Würdigen Sie Ihr Gehirn für die Wunder, die es in jedem Augenblick vollbringt.
- Lassen Sie unrealistische Erwartungen mit Liebe und Achtung für sich selbst los.

Und im Laufe des Tages ...

- Gehen Sie beim Lernen und beim Leben in einfachen, „bytegroßen" Schritten vor.

Seien Sie sanft zu sich selbst und zu Ihrem Gehirn.

Das eigene Lebenstempo finden

Aufgrund von äußeren Anforderungen haben Sie vielleicht den Sinn für Ihr natürliches Tempo verloren, für jene Lebensgeschwindigkeit, die mit Ihrem Wesen am ehesten übereinstimmt. Ich weiß, dass mein inneres „Batterienhäschen" jahrzehntelang nichts von meinem natürlichen Tempo wissen wollte und ich viel zu lange zu viel gemacht, zu viel geplant und zu vielen gefallen habe.

Vor ein paar Jahren musste ich dann schockiert feststellen, dass mein natürlicher Rhythmus sehr viel langsamer ist, als ich gedacht hatte. Tatsächlich geht es mir am besten, wenn ich Aktivitäten außer Haus auf zwei pro Tag beschränke. In meiner gegenwärtigen Lebensphase ist das machbar, aber während der „Kinderjahre" wäre es schwieriger gewesen. Ich habe mein wahres Tempo entdeckt, als ich mich unerwartet einer Operation unterziehen musste und gezwungen war, komplett Pause zu machen und dann ganz langsam im Genesungsprozess voranzuschreiten. Zu meiner Überraschung fand ich das gemächlichere Tempo wunderbar. Für mich hatte Lily Tomlin recht, als sie vorschlug: „Versuchen Sie für eine rasch wirksame Linderung, langsamer zu werden."

Nachdem ich sozusagen „geknebelt und in die Knie gezwungen worden war", wie man in manchen Teilen meines Heimatstaates sagt, fand ich viel Segensreiches darin, unterfordert zu sein. Weniger Stress, Gereiztheit und Ärger und mehr Gelächter, Entspannung und Erholungsschläfchen waren nur einiges davon. Zweifellos bestand der größte Segen in meiner Erkenntnis, dass ich eine Frau mit einem gemächlichen Bewegungstempo bin und keine hektische, für die ich mich selbst gehalten hatte.

Kürzlich erklärte mir die wunderbare junge Frau, von der ich immer massiert werde: „Ich habe Ihnen so eine tolle Geschichte zu erzählen!" Donia berichtete, sie hätte zu hart gearbeitet, sei erschöpft gewesen und habe sogar einen Groll auf ihre Klienten gehegt. Einige Tage vor unserem Gespräch hatte Donia auf der Fahrt zu einer Klientin geweint, weil sie sich nicht die Zeit genommen hatte, sich von einer Freundin zu verabschieden, die an jenem Tag gestorben war. „Und wissen Sie was, Sue?“, sagte Donia mit einem wissenden Grinsen. „Ich habe nach einem Taschentuch gekramt und bin in eine Ziegelmauer gefahren!“

Donia hat den Unfall sofort als die klare Botschaft interpretiert, innezuhalten, zu ihrem eigenen Rhythmus zu finden und diesem Respekt zu zollen. Als gewahrsame Frau hat Donia sofort eine Haltung der Dankbarkeit eingenommen und sich das Versprechen gegeben, von nun an ihrem eigenen Rhythmus zu folgen.

Bitte seien Sie gut zu sich, indem Sie Ihren eigenen, natürlichen Rhythmus und Ihr eigenes Tempo finden.

So praktizieren Sie …

- Achten Sie, ohne zu urteilen, auf Ihr Gefühl der Überforderung. Kommt das Gefühl daher, dass Sie zu viel tun? Daher, dass Sie zu viel für zu viele andere sein wollen? Sich zu viel vornehmen? Sich zu wenig ausruhen? Zu wenig Zeit für sich haben?
- Würdigen Sie Ihr inneres Wissen um den für Sie richtigen, perfekten Rhythmus.
- Nehmen Sie sich, wenn möglich, nur solche Aktivitäten vor, die Ihrem Herzen ein klares „Ja!“ entlocken.

Und im Laufe des Tages …

- Nehmen Sie sich wortwörtlich Zeit für Atempausen. Halten Sie zwischen zwei Verpflichtungen, an der Ampel oder beim Warten auf die Kinder inne und schöpfen Sie mehrmals tief und langsam Luft. Stellen Sie sich dabei vor, wie Energie in Ihren Körper einströmt und Anspannung aus Ihrem Körper ausströmt.

Schaffen Sie sich dringend benötigte Phasen des Unterfordertseins.

Das Leben mit Freizeit puffern

Der Autor Hugh Prather ist einer der nettesten, gelassensten Männer, die ich je kennengelernt habe. Und doch zeigen seine Texte, dass auch er achtsam bleiben muss, um seine Gutmütigkeit nicht durch zu viele Verpflichtungen und zu viel Hektik aufs Spiel zu setzen. Er schreibt: „Ich habe festgestellt, dass es mir praktisch unmöglich ist, anderen nicht offen die Schuld zu geben oder sie innerlich anzugreifen, wenn ich unter Zeitdruck stehe; wenn ich mir eine Frist setze und mich abhetzen muss, um sie einzuhalten. Aber ‚Zeit' kann ja ebenso gut eine Pufferzone sein wie eine Reibungsfläche. Heute werde ich mir selbst, meinem Geist und allem, was ich tue, mehr als genug Zeit geben." (2005).

Da ich den Faktor Zeit – oder vielmehr den Mangel an Zeit – als Reibungsfläche nur allzu gut kenne, bin ich ganz begeistert vom Gedanken, Zeit als eine „Pufferzone" zu betrachten! Das Bild, das mir in den Sinn kam, als ich las, er wolle sich selbst mehr als genug Zeit geben, war das eines kleinen Wassergrabens, der die Tätigkeiten umgibt, einer Art Dekompressionskammer aus Wasser, auf der man sich treiben lassen kann, bevor man zur nächsten Tätigkeit übergeht.

Wasser ist für mich ein wunderbares Symbol für Entspannung und Verjüngung, aber für Sie ist vielleicht etwas anderes noch beruhigender. Falls Sie die Natur mögen, könnte es Ihnen helfen, wieder zu Atem zu kommen, Druck abzubauen und sich auf Ihre nächste Aufgabe vorzubereiten, wenn Sie sich ein paar Momente auf einer Waldlichtung vorstellen oder tatsächlich nach draußen gehen. Oder vielleicht reicht es schon aus, wenn Sie einfach nur den Entschluss fassen, sich selbst mehr als genug Zeit zu schenken.

Natürlich gibt es auch Frauen, die am liebsten die ganze Zeit voll beschäftigt sind. Wenn Sie gerne mehrere Aufgaben hintereinander anpacken oder bei einem mächtigen Terminplan zur Höchstform auflaufen, dann gehören Sie wahrscheinlich zu dieser Gruppe. Das ist prima, solange Sie das Tempo vorlegen, das Sie selbst wollen, und nicht das Tempo, von dem Sie (oder andere) meinen, dass Sie es vorlegen müssten. Die meisten von uns allerdings leiden zumindest gelegentlich unter erhöhtem Zeitdruck und können davon profitieren, wenn wir unser Leben so vereinfachen, dass wir genug Zeit haben, um all das, was wir tun, auch wirklich zu genießen.

Wir sind schließlich und endlich nicht die Sklaven der Zeitpläne, die wir selbst erstellen. Mit Hilfe von Achtsamkeit, Selbstfürsorge und geduldiger Planung bereichern wir unser Leben durch den Stress reduzierenden Luxus, genügend Zeit zu haben.

So praktizieren Sie …

- Nehmen Sie sich die Zeit, darüber nachzusinnen, wie es wohl wäre, genügend Zeit zu haben. Erkunden Sie achtsam Fragen wie diese: Muss ich meine Verpflichtungen verringern? Wäre es gut, mehr Zeit für mich allein zu haben? Wie kann ich mir Raum und Zeit zwischen den Aktivitäten schaffen? Was kann ich tun, um mein Leben so zu vereinfachen, dass ich mir selbst dabei guttue?
- Nehmen Sie zumindest einmal diese Woche eine Vereinfachung in Ihrem Leben vor, die Ihnen ein gewisses Maß an freier Zeit verschafft.
- Wenn Sie sich durch die zusätzliche Freizeit zufriedener und gelassener fühlen, dann beschenken Sie sich selbst: Machen Sie es zu einer Gewohnheit.

Und im Laufe des Tages …

- Puffern Sie Ihr Leben rechtzeitig durch einige freie Minuten.

Puffern Sie Aufgaben und Aktivitäten mit Muße.

Sich zu einfacherem Denken entschließen

Einfaches Denken schafft Herzenswärme.

Ich bin davon überzeugt, dass es instinktiv in unserer Natur liegt, uns selbst, anderen Menschen und der Natur gegenüber große Liebe und Wärme zu empfinden; gegenüber allen Menschen und Dingen, denen wir begegnen, offen zu sein. Babys und Welpen sind ein gutes Beispiel für angeborene Offenheit. Sofern sie noch nicht gelernt haben, sich furchtsam oder vorsichtig zu verhalten, lächeln Babys im Angesicht des Schönen ebenso wie des Schlimmen. Das Gleiche gilt für junge Hunde. Einige sehr effektive Welpenschulungen finden in Strafvollzugsanstalten statt. Die Insassen übernehmen das vorbereitende Sozialisierungs- und Gehorsamstraining für Diensthunde und werden von den Hunden bedingungslos geliebt. Viele der beteiligten Insassen fangen an, an ihren Hund zu glauben, und glauben am Ende an sich selbst – vielleicht zum ersten Mal in ihrem Leben.

Babys und Hunde lassen sich ihre natürliche Veranlagung zu Liebe und Vertrauen nicht durch kompliziertes Denken verdüstern. Wenn sie nicht misshandelt oder traumatisiert werden, bleiben sie frei von geistigem Ballast und können deshalb da, wo sie sind, große Liebe und Wärme verbreiten. Durch ein wenig achtsames Ballastabwerfen können Sie das auch.

Wie und was wir denken, das ist eines der wenigen Dinge, über die wir die Kontrolle besitzen. Prem Rawat, auch bekannt als Maharaji, ein sehr ansprechender Lehrer für inneren Frieden, seit er acht Jahre alt war, sagt: „Die Gabe des Denkens ist eines der größten Geschenke, die uns Gott gemacht hat, aber das, was wir denken, ist unser Geschenk an uns selbst.“ Ich weiß, dass es möglich ist, sich das Geschenk des einfachen, positiven Denkens zu machen, denn ich habe mich selbst dahin gehend umerzogen. Meine Mutter war eine wunderbare Frau, aber sie wurde die meiste Zeit von quälenden Sorgen heimgesucht. Und ich war ihre eifrige Schülerin.

Ich nutze die folgenden Techniken, um sowohl mein Innen- als auch mein äußeres Leben zu vereinfachen. Auf den ersten

Blick erscheinen sie vielleicht zu simpel, als dass sie funktionieren könnten, und doch sind es Hilfsmittel von großer Kraft. Der Rahmen dieses Buches erfordert, dass ich mich kurz halte, aber wenn Sie tiefer in diese Methoden einsteigen möchten, lesen Sie bitte mein Buch *Bis hierhin und nicht weiter.*

So praktizieren Sie …

- Wählen Sie eine einfache, positive Aussage, die Sie mehrmals wiederholen, um wirre Gedanken und Sorgen außer Kraft zu setzen. Zwei meiner eigenen Sätze lauten: „Ich kann alles schaffen durch Gott, der mir Kraft gibt“ und: „Ich bin eine gute, liebenswerte Frau, auch wenn ich Fehler mache.“
- Halten Sie sich an die Philosophie „Im Grunde ist alles ganz einfach“ und entscheiden Sie sich für einfachere, lieblichere Gedanken.

Und im Laufe des Tages …

- Lieben Sie sich ganz einfach selbst.

Einfache Gedanken laden geistige Ruhe und innere Wärme ein.

Dafür sein, statt dagegen zu sein

Es nimmt eine Menge Energie in Anspruch, wenn wir uns über irgendetwas ärgern und aufregen – über die Politik, den Zustand der Schulen in unserem Land, das Gesundheitssystem, unsere eigene Gesundheit, reale oder bloß eingebildete Kränkungen seitens unserer Freunde oder Partner oder über irgendetwas anderes, was uns persönlich Ärger macht. Wenn wir uns aufregen, wenden wir nicht nur ein großes Maß an Energie auf, sondern unsere Leber produziert auch einen Überschuss an Gallenflüssigkeit, was für die Verdauung eher hinderlich als hilfreich ist und neben anderen Erkrankungen auch zur Bildung von Gallensteinen führen kann. Wenn jemand chronisch beunruhigt und aufgebracht ist, werden emotionales Unwohlsein und körperliche Krankheiten gefördert.

Kürzlich war ich von einer Meldung in der „USA Today" sehr berührt: Der Mitarbeiter von ESPN (US-amerikanischer Sportsender, Anm. d. Ü.), Peter Gammons, sagte darin, dass er sich nach seiner Genesung von einem Gehirnaneurysma – dem gleichen Leiden, an dem seine Schwester vor elf Jahren gestorben war – nicht mehr so viel Kopfzerbrechen machen wolle. Er erklärte: „Sie wissen ja, wie es in den Medien zugeht – wie sich die Leute da künstlich erregen. Also, ich konzentriere mich jetzt nur noch auf das, wofür ich bin, nicht wogegen. Das ist sozusagen mein neues Lebensmotto: ‚Wofür ich bin'." Wie wunderbar einfach.

Ich habe bemerkt, dass Mr. Gammons beschlossen hat, sich auf das zu konzentrieren, wofür er ist, und nicht auf das, wogegen er ist. Er selbst würde es vielleicht nicht so ausdrücken, aber ich würde sagen, er achtet bewusster darauf, wohin er seine Aufmerksamkeit richtet.

Wahrscheinlich würde mir kaum jemand darin widersprechen, dass vieles auf der Welt der Veränderung bedarf, doch was wäre, wenn wir unsere Einstellung demgegenüber verändern würden? Anstatt dagegen zu sein, wie unsere Schulen geführt werden, könnten wir dafür sein, dass die Kinder die bestmögliche Schulausbildung erhalten, wir könnten uns bei den Wahlen entsprechend entscheiden, ehrenamtlich im Klassenzimmer mitarbeiten und uns dafür einsetzen, dass die Lehrkräfte ein angemesseneres Gehalt bekommen. Diejenigen von uns, die im Gedanken an Krieg und das Leid, das er so vielen bringt, entsetzt sind, könnten für den Frieden sein. Und wir könnten für diejenigen da sein, deren Leben vom Krieg zerstört wurde, und tun, was in unserer Macht steht, um ihr Leid zu lindern. Wir könnten zum Beispiel Briefe schreiben an die Kriegsverletzten und an unsere Politiker, etwas für einen guten Zweck spenden, Witwen und deren Kindern unsere Hilfe anbieten oder Besuche in Krankenhäusern machen.

Für etwas zu sein, das erzeugt einen Aufschwung an Energie und Liebe, den eine ablehnende Haltung nicht erzeugt. Dafür sein gibt Kraft und baut auf, dagegen sein erschöpft und zieht herunter. Dafür sein ist liebevoll und bejahend.

So praktizieren Sie …

- Wenn Sie merken, dass Sie gegen etwas fühlen oder reden, halten Sie inne. Wenn möglich, schließen Sie sanft die Augen und atmen Sie zweimal tief durch. Richten Sie die nächsten drei Atemzüge auf Ihr Herz.
- Fragen Sie sich: „Wofür kann ich in dieser Situation sein?"

Und im Laufe des Tages …

- Konzentrieren Sie sich auf das, wofür Sie sind.

***Für* etwas sein macht Ihren Tag heller und Ihr Herz leichter.**

Einfache Lösungen entdecken

Es gibt Hunderte von einfachen Lösungen für viele der Ärgernisse in unserem Leben, doch manchmal scheinen sich diese knapp außerhalb der Reichweite unseres Bewusstseins zu verstecken und darauf zu warten, dass wir sie entdecken. Und entdecken müssen wir sie, denn kleine Ärgernisse können sich schnell zu einer Art chinesischer Wasserfolter entwickeln und Tropfen für Tropfen auf unsere Psyche einwirken, bis wir zermürbt und ausgelaugt sind. Der Straßenverkehr ist so eine persönliche Folter für mich. Nachdem ich mich vor einigen Tagen durch den mittäglichen Berufsverkehr in der Innenstadt gekämpft hatte und fast von einem Bus gerammt worden wäre, hatte ich das Gefühl, mein Gebiss zähneknirschend um einige Millimeter abgerieben zu haben. Es war jedoch eine gute Auffrischungslektion, weil ich vor lauter Ungeduld, meine Besorgung jetzt sofort zu erledigen, meine Regel der einfachen Lösung gebrochen hatte, niemals zu den Stoßzeiten in die Innenstadt zu fahren.

Wenn wir unsere Aufmerksamkeit ins Hier und Jetzt holen und auf unsere eigene Weisheit hören, ist es möglich, viele einfache Lösungen für Probleme zu finden, die uns belasten. Es ist die Ungeduld des überfrachteten Terminkalenders, die uns – oder zumindest mich – oftmals taub macht gegenüber unseren eigenen Wahrnehmungen. Probieren Sie Ihrer eigenen seelischen Gesundheit zuliebe einmal folgendes Experiment aus: Gewähren Sie sich, wenn eine belastende Situation aufkommt, eine Auszeit. Bringen Sie Ihr Gewahrsein bewusst in den gegenwärtigen Moment. Lockern Sie Ihren Unterkiefer, achten Sie bewusst auf einige Atemzüge, holen Sie dann tief Luft und lassen Sie sie mit einem übertriebenen Seufzer hinaus. Seufzen Sie noch einmal, tief und laut. Ich bin immer zusammengezuckt, wenn meine Mutter geseufzt hat, aber nun bin ich der Meinung, dass sie nur auf eine kluge Art und Weise Energie abgelassen hat.

Wenn Sie sich durch das Seufzen etwas entspannt haben, lächeln Sie und fragen Sie sich: „Was ist hier und jetzt eine einfache Lösung?"

Ich weiß zwar, dass es unzählige Situationen gibt, in denen eine einfache Lösung nicht ausreicht, doch oftmals kann eine Vereinfachung die Erleichterung und den Entschluss herbeiführen, die man gerade braucht. Denken Sie daran, dass wir, ganz gleich, wie die Umstände auch sein mögen, die Macht haben, unsere Antworten darauf und unsere Gedanken darüber zu vereinfachen.

So praktizieren Sie ...

Hier kommen ein paar Beispiele für einfache Lösungen. Sie selbst werden sich andere erschaffen, die Ihren persönlichen Bedürfnissen entsprechen.

Ärgernis	**Einfache Lösung**
Weinendes Kind	Schenken Sie ihm fünf Minuten lang ungeteilte Aufmerksamkeit
Sie werden gebeten, etwas zu tun, was Sie gar nicht tun möchten	Sagen Sie freundlich, aber bestimmt „Nein"
Sie fühlen sich angespannt	Entspannen Sie den Kiefer und atmen Sie durch die Nase ein und durch den Mund wieder aus
Lauter Film oder lautes Konzert	Tragen Sie Gehörschutz
Erschöpfung	Machen Sie einen kurzen Spaziergang oder ein kleines Schläfchen
Sie müssen Dampf ablassen und sich aussprechen	Sprechen Sie mit einer Freundin, der Sie vertrauen

Und im Laufe des Tages …

- Suchen Sie eine einfache Lösung, wann immer dies möglich ist.

Finden Sie einfache Lösungen und lassen Sie heitere Gelassenheit einkehren.

Jeden Tag richtig einteilen

Mega-Hamburger, Mega-Stundenpläne und Mega-Leben scheinen im Trend zu liegen. Wenn Sie eine geborene Powerfrau sind, die durch eine Flut von Stimulationen und unaufhörliches „Machen" aufblüht, dann sind Sie genau in Ihrem Element. Aber falls Sie eine hochsensible Frau sind oder einfach zu mehr Gelassenheit neigen, dann wird es für Sie vermutlich kein sehr ausgeglichenes Leben sein, wenn Sie sich bemühen müssen, einen „Mega-Tag" nach dem anderen zu stemmen.

Ein vollgestopfter Wohnraum und ein überfüllter Terminkalender können sich in chaotischem Denken und Fühlen äußern. Viel Zeugs beansprucht Platz, sowohl im wörtlichen als auch im energetischen Sinne. Wenn Sie überflüssige Dinge aus Ihrem Wohnraum entfernen, wird auch emotionaler und geistiger Raum frei. Achtsamkeit kann besser aufblühen, wenn innerer und äußerer Raum da ist. Werden Sie sich Ihrer eigenen Toleranzgrenzen bewusst und sortieren Sie aus, was Sie haben und was Sie tun.

In ihrem Buch *Rightsizing Your Life* macht Ciji Ware eine interessante Feststellung: „Man muss sich dessen bewusst sein, was jetzt im eigenen Leben vor sich geht. Das richtige Maß zu finden ist kein einmaliger Vorgang, sondern ein Prozess, dessen Ergebnis mehr mit dem ‚Richtigen' in der Gleichung zu tun hat als mit dem ‚Maß'." (2007). Ich stimme der Vorstellung zu, dass das richtige Bemessen ein kontinuierlicher Prozess und dass das „Richtige" dabei am wichtigsten ist. Was für Sie richtig ist, ist vielleicht nicht das Richtige für mich. Weil das Leben selbst der ultimative Prozess ist, wird sich das, was zum gegenwärtigen Zeitpunkt für Sie richtig ist, zweifellos verändern, wenn sich die Umstände verändern. Wenn Sie beispielsweise Kinder zu Hause haben, viele Tiere, die Sie versorgen müssen, oder 80 Stunden die Woche arbeiten, haben Sie heute ganz andere Bedürfnisse als möglicherweise zu einem späteren Zeitpunkt. Die wichtige Frage lautet: Wie teilen Sie sich Ihren heutigen Tag am besten ein?

So praktizieren Sie …

- Bringen Sie Ihren Körper, Ihre Seele und Ihren Geist zur Ruhe. Verwenden Sie eine Methode, die Ihnen im Moment zusagt.
- Stellen Sie sich von einer ruhigen Mitte aus einen Tag mit dem perfekten Maß vor. Können Sie sich gelegentlich solch einen Tag schaffen?
- Wenn das richtige Maß im Moment nicht möglich ist, fragen Sie sich, wie Sie einen Ausgleich schaffen können, damit Sie sich ruhiger und gelassener fühlen. Versuchen Sie Ihrer geistigen und emotionalen Gesundheit zuliebe, mindestens drei Tagen pro Woche besser einzuteilen.
- Schauen Sie sich gründlich an, was sich bei Ihnen alles angesammelt hat. Behalten Sie nur das, was Ihnen am Herzen liegt oder was Sie brauchen.

Und im Laufe des Tages …

- Sortieren Sie etwas aus, was Sie seit zwei Jahren nicht benutzt haben, und werfen Sie es weg, geben Sie es zum Recyclinghof oder in die Altkleidersammlung.
- Trennen Sie sich von allem, was nutzlos oder ungeliebt ist.

Ein richtig bemessener Tag bietet Raum und Zeit für Lachen, Liebe und Zuhören.

Nur das Beste erwarten

Auch wenn Sie in Ihrer Kindheit gelernt haben, sich ständig Sorgen zu machen oder immer das Schlimmste zu erwarten, besitzen Sie als Erwachsene die Kraft und die Reife, diese negativen, Stress erzeugenden Angewohnheiten zu verändern. Weil Ängste und einengende Erwartungen von ständig wiederkehrenden Verhaltensmustern herrühren, die sich durch häufige Wiederholung tief eingegraben haben, kann Achtsamkeit Ihnen dabei helfen, Muster zu erkennen und zu verändern, die für Sie keinen Sinn mehr haben. Wenn Sie sich dazu entschließen, Ihre Neigung zur Sorge zu überwinden, und wenn Sie achtsam bleiben, wenn die Sorgen Sie zu verschlingen drohen, dann gewinnen Sie die Macht, automatische Reaktionsweisen und angestammte innere Einstellungen zu transformieren.

Wie wir bereits herausgefunden haben, ist unser Gehirn derart geschaltet, dass es sich besonders auf die Stimuli von negativen Gefühlen und von Angst konzentriert. Seien Sie deshalb bitte nicht zu hart zu sich, wenn Sie zu Ängstlichkeit neigen und eher die Schattenseite der Dinge sehen. Doch bitte tun Sie etwas, um sich von dieser Angewohnheit zu befreien. Es ist weder befreiend noch aufbauend, sich ständig Sorgen zu machen oder mit der Angst herumzulaufen, dass Schlimmes geschehen wird. Beides verschlingt riesige Mengen an psychischer und emotionaler Energie und vergeudet ungeheuer viel Zeit. Mein Vater hat immer über seine Sorgen gescherzt, indem er sagte: „Erzähl' mir nicht, dass die Sorgerei nicht funktioniert. Die meisten Dinge, über die ich mir Sorgen mache, treten nie ein!" Er hatte recht. Viele der Dinge, über die wir uns grämen und sorgen, lösen sich entweder von selbst auf oder werden nie Wirklichkeit.

Ein Geist, der von Angst und Sorge besetzt ist, kann das Gute, Schöne und Liebevolle nicht mehr wahrnehmen. Angst und Sorge verdecken das Licht genauso wie dunkle Wolken die Sonne. Entsprechend dem Gesetz der Anziehung bringen uns Angst und Sorge noch mehr ihresgleichen. Zum Glück gilt das Gleiche aber auch für das Gegenteil: Dankbarkeit, Gelassenheit und Mut ziehen ähnliche Energien an. Indem wir ganz bewusst eine positive Einstellung pflegen, das Beste erwarten und Sorge durch Dankbarkeit ersetzen, werden wir allmählich immer öfter lebensfördernde Energien und erwünschte Lösungen zu uns heranziehen.

So praktizieren Sie …

- Energie folgt der Absicht und der Aufmerksamkeit. Entschließen Sie sich deshalb, wenn Sie merken, dass Sie sich Sorgen machen, stattdessen zur Dankbarkeit. Richten Sie Ihre Aufmerksamkeit auf drei Dinge oder Menschen, für die Sie dankbar sind. Sinnen Sie über die Gründe nach, warum Sie dafür dankbar sind und warum Sie sie wertschätzen.
- Drücken Sie täglich mindestens einem Menschen gegenüber Ihre ehrlich empfundene Dankbarkeit aus.
- Stellen Sie sich – auch wenn es ein bisschen gekünstelt erscheint – die bestmögliche Lösung einer stressigen oder schmerzhaften Situation vor. Malen Sie sich das Fantasieergebnis noch schöner aus und freuen Sie sich darüber.
- Üben Sie weiter, bis Sie sich angewöhnt haben, das Beste zu erwarten. Bis dahin ist gekünstelter Optimismus besser als gar kein Optimismus.

Und im Laufe des Tages …

- Entschließen Sie sich zur Dankbarkeit und erwarten Sie das Beste.

**Das Beste zu erwarten zieht das Beste an;
Dankbarkeit sorgt dann für den Rest.**

Einzigartig Schönes wahrnehmen

Hoch oben auf einem Felsvorsprung kauert eine einzelne Zypresse, die zu einem berühmten Wahrzeichen an der kalifornischen Küste geworden ist. Die ‚Einsame Zypresse' inspiriert seit über 250 Jahren Künstler, Fotografen, Touristen und Ortsansässige, die auf dem ‚17 Mile Drive' von Pacific Grove nach Carmel fahren. Was ist das Besondere an diesem kleinen Baum, der in mir und in unzähligen anderen den Wunsch wachruft, möglichst lange in seiner Nähe zu verweilen?

Während ich die Worte zu finden versuche, um meine Reaktion auf die ‚Einsame Zypresse' zu beschreiben, scheinen mir keine passenden einzufallen. Vor meinem geistigen Auge kommt jedoch die Erinnerung an den Tag hoch, als ich den Baum das letzte Mal gesehen habe, und Tränen steigen mir in die Augen. Der Pazifische, der Stille Ozean war an jenem Tag alles andere als friedlich und still; der Wind heulte und riesige Wellen brachen sich an der Felsheimat der ‚Einsamen Zypresse'. Obwohl meine dünne Windjacke mir keinen Schutz vor dem Sturm bot, verweilte ich dort und bewunderte die Zähigkeit und Stärke der Zypresse im Angesicht der peitschenden Windstöße, die sie hinnahm.

Vielleicht war ich deshalb so fasziniert, weil die Zypresse ganz allein dasteht, unbesiegt durch den rasenden Sturm und die aufgewühlte See. Ein einzigartiger Anblick der Schönheit, die Silhouette gegen den ständig wechselnden Hintergrund des gewaltigen, geheimnisvollen Ozeans. Ein Symbol des Überlebens und der Inspiration. Wie auch immer, ich kehrte jedenfalls durchtränkt von Meerwasser, aber auch von Ehrfurcht, in unser Motelzimmer zurück.

Es will mir scheinen, als ob jeder von uns etwas mit der ‚Einsamen Zypresse' gemeinsam habe. Wir werden von Stürmen gepeitscht, stehen fest auf felsigem Boden, werden zu Symbolen des Mutes, indem wir Härten mit Würde überstehen, und zeigen der Welt unsere eigene unvergleichliche Schönheit und Inspiration. Wir müssen unsere eigene herausragende Stärke und Güte annehmen, ohne egoistisch oder eingebildet zu sein. Wenn wir erkennen, welche Liebe, Freude, welches Mitgefühl und welche Schönheit wir verschenken können, nehmen wir unsere heilige Verantwortung an, diese mit anderen zu teilen. So wie eine einzelne Zypresse mich inspiriert hat, so können Sie andere inspirieren.

So praktizieren Sie …

- Nehmen Sie jeden Tag wenigstens ein Beispiel an einzigartiger Schönheit bewusst wahr. Lassen Sie sich durch dieses Beispiel inspirieren.
- Achten Sie still auf Ihren Atem, wie er ganz natürlich in Ihren Körper ein- und wieder aus ihm herausfließt.
- Wenn Sie in einen ruhigen, zentrierten Zustand gekommen sind, laden Sie Ihre einzigartigen Eigenschaften von Vortrefflichkeit und Schönheit ein, sich einmal zu zeigen. Erstellen Sie, ohne sich dabei emotional festzuhängen, eine Liste von Eigenschaften und Verhaltensweisen, die den Menschen und dem Planeten mehr Licht, Liebe und Freude bringen können.
- Empfinden Sie Dankbarkeit für diese Qualitäten.

Und im Laufe des Tages …

- Lassen Sie Ihre einzigartige Schönheit zu einem Segen werden.

Teilen Sie Ihre Schönheit und Ihre herausragenden Eigenschaften großzügig und mit offenem Herzen.

KAPITEL 9

Die Versprechungen der Präsenz einlösen

Du selbst verdienst genauso wie jeder andere auf der ganzen Welt deine Liebe und Zuneigung.
DER BUDDHA

Wie man die Versprechungen der Präsenz einlöst, das lässt sich anhand der folgenden bekannten Geschichte erläutern: Eine junge Frau hält einen weisen Mann in den Straßen von New York an und fragt ihn: „Wissen Sie, wie man zur Carnegie Hall kommt?" Der Mann antwortet: „Üben, üben, üben!"

Auch wenn Präsenz unser Leben unermesslich bereichert, so erfüllen sich die meisten Versprechungen der Präsenz nicht unmittelbar, sondern sie entfalten sich als eine Folge von Wunsch, bewusster Absicht und, nun ja, auch von Praxis (Übung). In diesem Kapitel werden wir einige der vielen Möglichkeiten erkunden, die sich ergeben, wenn wir für uns selbst und unser Leben vollkommen präsent sind, darunter die Möglichkeit der Freude, des Vertrauens, der Ganzheit, der Stärke, der Liebe zum Körper und des Einklangs mit Gott/dem Guten.

Wahre Gegenwärtigkeit lässt mehr Liebe und Mitgefühl entstehen. Wie der Buddha gesagt hat, verdient niemand Ihre Liebe und Ihr Wohlwollen mehr als Sie selbst. Urteilsfrei für sich selbst da zu sein gibt Ihnen die Chance, das einzigartige Wesen, das Sie sind, zu verstehen, sich daran zu erfreuen und es zu würdigen. Als Folge einer tiefen, spirituell gründenden Liebe und Wertschätzung für Sie selbst entsteht eine immerwährend fließende Quelle der Liebe in Ihrem Inneren. Aus diesem Brunnen strömen Mitgefühl und Zuneigung frei und leicht zu anderen hin. Ich glaube, dass die Liebe zu uns selbst aufgrund der Liebe, die danach zu anderen ausströmt, eine der höchsten Berufungen ist, der wir folgen können.

Einfach, indem Sie aufmerksam und mit offenem Herzen präsent sind – ob nun für sich selbst, für die Arbeit, für die Familie, für andere oder für einen bestimmten Zweck –, wird mehr Liebe in das Gewebe des Lebens eingewoben, und *Liebe ist die Antwort, ganz gleich, wie die Frage lautet.*

Den Anfängergeist erwecken

Wenn Sie je einen Spaziergang mit einer wissbegierigen Zweijährigen oder einem besonders schnüffelfreudigen Hund gemacht haben, dann wissen Sie, was „Anfängergeist" (oder im Falle unserer Hündin Lily, „Anfängernase") bedeutet. Alles muss genau erkundet werden – jede Blume, jeder Käfer und jede Ablenkung ist der vollen Aufmerksamkeit wert. Wie oft Lily und ich auch denselben Weg entlanggehen, immer ist sie der Inbegriff äußerster Konzentration bei jeder Fährte, die ihre Aufmerksamkeit diesmal auf sich zieht. Weil Lily für die Erfahrung des jeweiligen Augenblicks vollkommen präsent ist, ist sie zu meinem Guru bei der Übung des Anfängergeists auf unseren Spaziergängen geworden.

Selbst sozusagen noch „Anfänger", sind Kinder große Lehrmeister in Sachen Anfängergeist. Ein gesundes Kind betrachtet die Welt mit erregtem Interesse und nimmt sich Zeit, um für alles Gebotene wahrhaft präsent zu sein. Glücklicherweise genießt die Mehrzahl der Kleinkinder den Luxus, genügend Zeit zu haben, um ihrer Neigung zum Anfängergeist auf natürliche Weise nachzugehen. Sie als eine viel beschäftigte Frau werden jedoch bewusst den Entschluss fassen müssen, den Anfängergeist zu erwecken und sich die Zeit zu nehmen, um aus dieser neuen Perspektive wahrzunehmen.

Bereits einige wenige Augenblicke können, wenn man sich ihnen im Anfängergeist nähert, zu „unvergesslichen Minuten" werden, wie es meine Freundin Jean ausgedrückt hat. Auf ihrer Fahrt von Colorado nach Iowa machte Jean an einer Raststätte in Nebraska Halt. Doch anstatt eilig ihr Essen hinunterzuschlingen und sofort wieder ins Auto zu steigen, legte Jean bewusst eine Pause ein, um den Ausblick auf ihren Heimatstaat von diesem bestimmten Standort aus zu genießen. Überrascht entdeckte sie, dass das Panorama absolut grandios war.

Mit Tränen in den Augen berichtete sie mir: „Ich habe selbst gestaunt, wie sehr mich das berührt hat. Ich habe sogar laut gesagt: ‚Dies ist meine Heimat', und Tränen sind mir über die Wangen gelaufen!“ Sie erklärte weiter: „Worte reichen nicht aus, um das Gefühl von Erstaunen und Ehrfurcht zu beschreiben, das ich in diesen zehn unauslöschlichen Minuten meines Lebens empfunden habe.“

Das Buch *Das Abenteuer, du selbst zu sein* kreist um das zentrale Thema, „dass einige wenige Minuten der Achtsamkeit die ganze Welt verändern können“. Der Gedanke an eine durchgängige Achtsamkeit war mir zu diesem Zeitpunkt in meiner persönlichen Entwicklung noch zu hoch gegriffen. Aber ein paar achtsame Momente am Tag? Ja, das kann ich schaffen. Wenn jede von uns bewusste Präsenz übt und daraus Nutzen zieht, so bin ich fest überzeugt, dass sich einzelne Momente ganz von selbst zu einem Leben in größerer Bewusstheit ausdehnen werden.

So praktizieren Sie …

- Seien Sie mindestens zweimal täglich für einen Menschen, einen Gegenstand oder eine Erfahrung vollkommen präsent. Üben Sie Offenheit und freundliche Neugier.

Und im Laufe des Tages …

- Schauen Sie, lauschen Sie und lernen Sie bewusst und mit kindlicher Begeisterung.

**Ein paar Momente im Anfängergeist
können die ganze Welt verändern.**

Bewusst im Körper leben

Wenn wir bewusst in unserem eigenen Körper wohnen und konsequent, liebevoll und sanft auf ihn achten, unterstützen wir dadurch nicht nur unser herrliches physisches Selbst. Es ist auch eine der besten Methoden, um emotionale, geistige und spirituelle Ruhe und Ausgeglichenheit wiederherzustellen. Obwohl wir unseren Körper gerne ignorieren und ihn als selbstverständlich betrachten, bis er schließlich nach Beachtung ruft, indem er zusammenbricht oder nicht mehr richtig funktioniert, ist das kein sehr kluges Verhalten. Der Körper ist einer der vier Eckpfeiler unseres Seins: des körperlichen, des emotionalen, des mentalen und des spirituellen. Den Körper zu vernachlässigen ist so, als würde man einem vierbeinigen Hocker ein Bein absägen. Gleichgewicht, Kraft und Ausgeglichenheit werden erreicht, indem man respektvoll auf Gefühle, Geist, Seele und den Körper achtet.

Einige Fitnessprogramme wollen uns zwar immer noch die Maxime „Kein Schweiß, kein Preis" aufschwatzen, doch es gibt inzwischen auch zahllose Übungssysteme und –praktiken, die die Weisheit des Körpers honorieren, während der Körper gekräftigt wird. Eine davon ist Yoga.

Ich kenne Julie, eine brillante, unglaublich kreative und ehemals überaktive Verlegerin, schon seit über 20 Jahren. Die Worte „brillant" und „kreativ" treffen immer noch auf sie zu, aber der Ausdruck „überaktiv" passt nicht mehr. Was hat sich geändert? Julie praktiziert jetzt Yoga. Da die Yogapraxis so eine bemerkenswerte Veränderung in Julies Leben und ihrer Einstellung bewirkt hat, habe ich sie gebeten, uns ein wenig von ihren Erfahrungen zu erzählen.

Sie schreibt: „Der sanfte Yoga hat mein Leben verändert. In nur zwei eineinhalbstündigen Sitzungen pro Woche gibt mir Yoga die Möglichkeit, völlig aus meinem sehr stressigen, geschäftigen und manchmal chaotischen Leben auszusteigen, um meinen Geist zu klären und meinen ganzen Körper bewusst wahrzunehmen und ihn wertzuschätzen." Für diejenigen von uns, die Probleme mit ihrem Körper haben – und wer von uns hätte keine? –, sind Julies folgende Worte besonders ermutigend: „Durch Yoga hat sich mein Geist beruhigt und sich mehr Bewusstsein und Achtung für meinen Körper entwickelt. Ich liebe meinen Körper jetzt und bin ihm so dankbar, dass er mir all diese Jahre so gut gedient hat."

Auch wenn Yoga vielleicht nicht Ihr Weg ist, um bewusster in Ihrem Körper zu wohnen und ihn liebevoll anzunehmen, machen Sie sich doch bitte die Freude, irgendeine Form von Dehn- oder anderen Körperübungen zu finden, die Ihnen hilft, sich zu entspannen und Ihren Körper zu kräftigen, Ihre Gefühle zu beruhigen und zu transformieren, Ihren Geist zur Ruhe und zur Stille zu bringen und Ihre Seele neu zu beleben.

So praktizieren Sie …

- Besinnen Sie sich darauf, dass der Atem die Brücke zwischen Körper und Geist ist. Atmen Sie sanft und mit respektvoller Achtsamkeit in die verschiedenen Bereiche Ihres Körpers hinein – besonders in jene, wo Sie unangenehme Empfindungen verspüren. Danken Sie diesen Bereichen für alles, was sie für Sie geleistet haben und leisten werden.
- Bewegen Sie sich. Dehnen und strecken Sie sich. Schenken Sie Ihrem Körper voller Liebe und Wertschätzung neue Energie und Frische.

Und im Laufe des Tages …

- Schenken Sie Ihrem Körper, Ihren Emotionen, Ihrem Geist und Ihrer Seele tiefen Respekt und Aufmerksamkeit.

Bauen Sie mit dem Atem eine Brücke zwischen Körper und Geist.

Unsere eigene Ganzheit erkennen

Ein Pfirsichbaum, plus all der Früchte, die er je tragen wird, ist bereits im ursprünglichen Pfirsichkern präsent. Das Gleiche gilt auch für uns. Als Neugeborene sind wir schon vollständig da und strotzen vor all den Anlagen, die fürs Wachsen, Lernen, Lieben, Spielen und wirklich Wir-Selbst-Sein notwendig sind. Diese Ganzheit ist in uns als Erwachsene immer noch da – einige Aspekte sind verwirklicht, während andere noch darauf warten, dass ihr Potential zur Wirklichkeit heranreift.

Obwohl wir alles in uns haben, was wir brauchen, sollten wir uns doch darauf besinnen, dass wir uns auch stets in irgendeiner Phase des Beginnens befinden. Es ist das Wesen von Evolution und Wachstum, dass wir immer wieder einen neuen Schatz – oder Schädling – in unserem Inneren entdecken. Wir können es uns leichter machen, unsere eigene Ganzheit voll zu erkennen, wenn wir sanft und liebevoll mit den zarten Sprösslingen unserer Neuanfänge umgehen, wenn wir darauf vertrauen, dass uns der Vorgang des Bewusstwerdens von einem Schritt zum nächsten führen wird, und wenn wir bei jedem dieser Schritte auf dem Weg Geduld haben, auch wenn wir dabei ab und zu stolpern sollten. Es ist ein erreichbares Versprechen von Präsenz, sich selbst so anzunehmen, wie man gerade ist, während man mitfühlend danach strebt, noch mehr von der angeborenen eigenen Ganzheit zu erfahren und zum Ausdruck zu bringen.

Präsent zu sein und das Lied unserer Seele wirklich zu hören erlaubt es uns, uns selbst tiefer kennenzulernen und mit unserem größeren Seelen-Selbst ebenso vertraut zu werden wie mit dem kleinen Selbst, das sich jeder Einzelne von uns durch Versuch, Irrtum und Verletzung zugelegt hat. Wenn wir uns nach innen wenden und uns langsam, aber sicher auf unser liebevolles, vollständiges Seelen-Selbst einschwingen, dringt ein immer größer werdendes Bewusstsein von unserer angeborenen Ganzheit und Gutheit in unseren Geist und in unsere Gefühle ein.

Ein ruhiger, präsenter Geist nimmt Einsichten und Inspirationen vom Göttlichen in sich auf, dessen Einflüsterungen zu unseren eigenen Gedanken werden und sich wiederum in unserem Leben und Lieben widerspiegeln. Im warmen Sonnenlicht von Aufmerksamkeit und Präsenz kann sich unsere Ganzheit in einer kostbaren Bewusstwerdung nach der anderen organisch entfalten.

So praktizieren Sie …

- Atmen Sie nach einigen zentrierenden und beruhigenden Atemzügen die Bekräftigung ein „Ich bin heil und gut." Atmen Sie ein: „Ich bin …" und atmen Sie aus: „… heil und gut."
- Bekräftigen Sie ganz entspannt das, was Ihnen mühelos in den Sinn kommt, beispielsweise „Mir geht es … gut." – „Ich bin … voller Liebe." – „Ich bin … weise."
- Kehren Sie einige Atemzüge lang wieder zur Bekräftigung „Ich bin … heil und gut" zurück.
- Lassen Sie vor Ihrem geistigen Auge ein Symbol oder ein Bild von sich aufsteigen, wie Sie Ganzheit ausstrahlen.
- Ruhen Sie in der Gewissheit, dass Ganzheit ein kostbares Erbe des Göttlichen ist.

Und im Laufe des Tages …

- Erinnern Sie sich daran, dass Sie heil und ganz, authentisch und gut sind.
- Schließen Sie sich mit Ihrem größeren Seelen-Selbst kurz und fühlen, sprechen und handeln Sie von dessen Perspektive aus.

Sie sind in Gottes Augen wie ein vollkommener runder Pfirsich.

Stärke einziehen lassen

Viele Ängste und Schwächen dauern an, weil wir versuchen, sie zu ignorieren, sie niederzuringen oder sie durch Nachdenken loszuwerden. Das funktioniert aber nicht. Wenn Ängste und Schwächen ins Unterbewusste verschoben werden, wachsen sie an Macht und Stärke. Wenn wir hingegen unseren Dämonen im Licht der nicht urteilenden Stille entgegentreten, ist das der erste, ermutigende Schritt, um sie in Stärke und persönliche Kraft zu verwandeln.

Unsere Ängste und Schwächen bereitwillig willkommen zu heißen und ihnen mit Offenheit, Annahme und Respekt zu begegnen, das ist eine der schwierigsten Aufgaben, die die Achtsamkeit von uns verlangt. Es ist aber auch eine der befreiendsten Praktiken, die wir unternehmen können. In Stille mit unserer offen vor uns liegenden Reue und Scham, mit unserer Angst und unseren Urteilen dazusitzen, ist ein Akt des Mutes.

Der Dämon, mit dem ich zurzeit sitze, ist mein Urteilen über andere, was eine Verurteilung meiner eigenen Person auslöst, einhergehend mit den Scham- und Schuldgefühlen, ein „schlechter Mensch" zu sein. Erst seit Kurzem verfüge ich über genügend Selbstliebe, um diese Schwäche des Urteilens wirklich anzuschauen und anzunehmen, mit dem Ziel, sie in Stärke zu transformieren.

Wie so oft, wenn wir uns auf dem Weg zu größerer Achtsamkeit befinden, ist auch für mich die perfekte Lehrmeisterin erschienen: Ich habe eine Abneigung gegen eine Person entwickelt, mit der ich einmal die Woche einen Kurs besuchte. Vage vermute ich, dass meine geliebte Mutter, die auf ihrem Totenbett gebeichtet hat, dass ihr größter Fehler das Urteilen gewesen sei, diese Gelegenheit für mich eingefädelt hat.

Durch Achtsamkeit können wir unsere Erfahrungen annehmen und sie zu unseren Lehrmeistern werden lassen. Um mich von dieser Erfahrung lehren zu lassen, bin ich für meinen verkrampften Kiefer und die Enge in meiner Brust präsent, wann immer ich die betreffende Person sehe oder an sie denke. Ich bringe meine

Aufmerksamkeit zu meinem Atem zurück und entspanne mich in die Gefühle des jeweiligen Moments hinein.

Gestern habe ich einen winzigen Vorgeschmack dessen erhascht, was mir in Zukunft möglich sein könnte. Als ich meine „Lehrmeisterin“ erblickte, musste ich darüber lächeln, wie hurtig und einfallsreich mir ein Urteil in den Kopf geschossen war und nun meinen Körper und meine Emotionen durcheinanderbrachte. Auf diese Art mit etwas Humor gesehen, waren die problematischen Gefühle schnell verflogen, was mir Hoffnung gab und ein Vertrauen in die Zusicherung des Buddha, dass „Achtsamkeit immer und bei allem hilfreich ist“.

So praktizieren Sie …

- Sitzen Sie einige Minuten in Stille, ohne irgendetwas erreichen zu wollen.
- Sitzen Sie weiter in Stille. Wenn Dämonen auftauchen, segnen Sie sie und lassen Sie sie weiterziehen.
- Atmen Sie ein: „Ich bin …“ und atmen Sie aus: „… stark“.

Und im Laufe des Tages …

- Begegnen Sie Ihren Gefühlen sanft und annehmend.

Stärke offenbart sich in der Stille.

Die heilende Kraft des Zuhörens

Bereits am Anfang meiner Tätigkeit als Therapeutin habe ich festgestellt, dass viele der Bedürfnisse meiner Klienten in drei schlichten Wünschen zusammengefasst werden können: Sieh mich. Hör mich. Halte mich. Ungeteilte Aufmerksamkeit stillt die Sehnsucht der anderen, gesehen, gehört und gehalten zu werden – in den Armen oder im Herzen und im Bewusstsein. Aufmerksames Zuhören lässt Gott durch uns wirken. Eine Achtsamkeitspraxis ist das Werkzeug, um in uns die ruhige Gelassenheit, das emotionale Gleichgewicht und die Offenheit des Herzens herzustellen, die nötig sind, um wirklich zuhören zu können.

Wenn Sie schon einmal einem begabten Zuhörer/einer begabten Zuhörerin begegnet sind, haben Sie wahrscheinlich die Erfahrung gemacht, dass Sie aus dieser Begegnung mit einem Gefühl der Bestätigung, des inneren Auftriebs und des Trosts, vielleicht sogar mit dem Geschenk einer heilsamen Erkenntnis oder Einsicht hervorgegangen sind. Meine Freundin Virginia ist eine außerordentlich gute Zuhörerin. Obwohl sie nur selten Ratschläge erteilt, kann sie so aufmerksam lauschen, dass sie oftmals genau heraushört, was es ist, das die andere Person davon abhält, sich besser zu fühlen, aus einer Klemme herauszukommen oder gesündere Entscheidungen zu treffen. Ohne Ego – oder Namen – zu nennen, hat sie mir erzählt, dass sie kürzlich mit drei Frauen beim Essen gewesen sei, und jede habe danach zu einer Entscheidung gefunden, die seit Wochen an ihr genagt hätte. „Als ich ihre Dilemmas angehört hatte", erläuterte sie aufgeregt, „erschien es einfach ganz offensichtlich, was jede brauchte oder tun musste. Ich habe nur eine oder zwei Fragen gestellt, dann wussten sie es. Es hat richtig Spaß gemacht!"

Es macht auch Spaß, uns selbst zuzuhören. Naja, vielleicht ist es auch nicht immer spaßig, doch von großer Wichtigkeit, dass wir uns selbst genauso gut und einfühlsam zuhören wie anderen. Wie sollen wir sonst wissen, wer wir wirklich sind, was wir im jeweiligen Moment gerade erleben und welchen Weg wir als

Nächstes einschlagen möchten? Uns selbst zuzuhören kann sowohl heilsam als auch erhellend sein.

In seinem wunderbaren Buch *Morning Notes* schreibt Hugh Prather: „Wir tun unser Bestes, wenn wir nicht versuchen, es alleine zu schaffen. Stattdessen nehmen wir Gottes Hand, und vor allem nehmen wir Gottes Ratschlag an, welcher von jedem vernommen werden kann, der einfach einen Moment lang innehält und still ist." (2005) Es alleine schaffen zu wollen kann nicht nur heißen, dass Gott der Einzige ist, den wir außen vor gelassen haben. Wir können auch uns selbst außen vor lassen, wenn wir nicht innehalten und dem zuhören, was unser Herz und unser Verstand uns wirklich sagen wollen. Achtsamkeit hilft uns, eine liebevolle Partnerschaft mit uns selbst und mit Gott zu begründen.

So praktizieren Sie …

- Sitzen Sie einige Minuten lang still da und folgen Sie Ihrem Atem, wie er ein- und wieder herausfließt.
- Lauschen Sie ohne Anstrengung dem, was Ihr Verstand und Ihr Herz genau jetzt zum Ausdruck bringen.
- Halten Sie Ihr inneres Selbst ohne Anstrengung so, wie es gerne gehalten werden möchte.
- Nehmen Sie Gottes Hand, während Sie für einige weitere Minuten zu Ihrem Atem zurückkehren.

Und im Laufe des Tages …

- Legen Sie jeweils alles, womit Sie gerade beschäftigt sind, für einige Minuten beiseite und hören Sie zwei Menschen wirklich zu.

Durch Zuhören bringen wir Liebe zum Ausdruck.

Synchronizitäten wahrnehmen

Während eines Meditationskurses gingen wir zu einer Übung ins Freie, um dort bewusst wahrzunehmen, was uns gerade ins Auge fiel. Ich betete bei dieser Übung auch um den Beistand von Engeln für die Tochter einer Freundin, die dem Tode nahe war. Nach dem Gebet blickte ich zum Himmel empor und sah zu meiner Verzückung eine Wolke, die genau so aussah, wie ich mir einen Engelsflügel vorstellen könnte. Die Wolke empfand ich wie das Nicken eines Engels, wie eine Zusicherung. Mein Herz erfüllte sich mit Hoffnung. Obwohl die Tochter meiner Freundin immer noch unter gesundheitlichen Problemen leidet, hat sie überlebt.

Am entgegengesetzten Ende des Spektrums hatte der Kursleiter beobachtet, wie kunstvoll der Müll aus einem Müllbehälter herausquoll. Er hatte nie zuvor bemerkt, wie farbenfroh Müll sein kann, und kehrte voller Freude und Dankbarkeit über seine Fähigkeit, Farben wahrzunehmen, in den Kursraum zurück. Ich hatte ihn beim Müllbetrachten schmunzelnd beobachtet und konnte bestätigen, was er gesehen hatte. Es war tatsächlich schön anzusehen. „Zufällig" berichtete eine andere Teilnehmerin, deren Angst vor einer bevorstehenden Augenoperation sie daran gehindert hatte, auch nur irgendetwas bei dieser Übung wahrzunehmen, dass unsere Erzählungen ihre Gedanken von der Angst weg- und zur Dankbarkeit hingeführt hätten. Ein richtiges Wunder!

Die Freude, innerhalb weniger Minuten der Achtsamkeit sowohl das Ätherische als auch das Irdische wahrgenommen zu haben, verhalf mir zu meiner Erkenntnis, dass es Wunder der Synchronizität in jedem Augenblick geben muss. Wir brauchen lediglich genügend Wachheit und Präsenz, um diese Wunder wahrzunehmen.

Am ersten Jahrestag des Todes ihres Mannes, so berichtete mir eine Freundin unter Tränen, sei sie um 3.48 Uhr plötzlich aufgewacht – genau zu dem Zeitpunkt, als ihr Mann vor einem Jahr gestorben war. Weil sie noch nie um diese Zeit aus dem Schlaf aufgewacht war, wertete sie es als einen liebevollen „Weckruf“ ihres Mannes, durch den sie sich in ihrer Trauer beglückt und zutiefst getröstet fühlte.

Synchronizitäten wie die Engelsflügelwolke nach meinem Gebet oder der nächtliche Besuch des verstorbenen Mannes bei meiner Freundin vermitteln mir das Gefühl, dass man erhört wird. Sie vertiefen meinen Glauben, dass Gott, Engel, geliebte Menschen und andere himmlische Sendboten für uns da sind und uns bedingungslos lieben. Die wunderbare Sufi-Weisheit „Gott ist der Geliebte, der uns im Inneren unseres Herzens küsst“ klingt angesichts von solch berührenden Synchronizitäten wirklich überzeugend.

So praktizieren Sie …

- Geben Sie sich dem Wunder der Synchronizität hin, statt es beiseite zu wischen oder zu übergehen.
- Betrachten Sie Synchronizitäten und Zufälle als potentielle kleine und große Wunder.

Und im Laufe des Tages …

- Verinnerlichen Sie die Vorstellung, im Inneren Ihres Herzens von Gott geküsst zu werden.

Es macht Freude, Synchronizitäten als göttliche Sofortbotschaften anzusehen.

Ins Gute vertrauen

Da Vertrauen für viele Frauen eine schwierige Herausforderung darstellt, bin ich mir bewusst, dass „ins Gute vertrauen" eine schwer zu schluckende Aufforderung sein kann. Aber da Vertrauen ein wirksames Mittel gegen Unsicherheit und Angst ist, brauchen wir Vertrauen – insbesondere ins Gute –, ganz egal, wie oft wir schon betrogen, verletzt oder enttäuscht worden sind. Doch, es gibt große Dunkelheit auf der Erde, und die Unmenschlichkeit des Menschen dem Menschen gegenüber kann uns das Herz brechen. Allerdings bringen wir nicht mehr Menschlichkeit, Licht und Mitgefühl in die Welt, wenn wir uns auf deren Gegenteil fixieren. Vielmehr vermehren wir das Gute auf der Welt, wenn wir tun, was wir können, um die Dunkelheit zu erhellen, und mehr Licht bringen durch die Art und Weise, wie wir unser eigenes Leben leben.

Eine gute Möglichkeit, das Vertrauen in Gott und in das Gute zu pflegen, besteht darin, das Gute, das genau in diesem Moment in uns selbst ist, zu erkennen und danach zu handeln, auch wenn wir alle unvollkommen und ein noch in der Entstehung begriffenes Werk sind. Eine der besten Botschaften, die ich bei einer Predigt je gehört habe, stand auf einem kleinen Anstecker und lautete „bhGmm, Ginnfmm", das stand für: „Bitte hab' Geduld mit mir; Gott ist noch nicht fertig mit mir". Wo auch immer Sie in Ihrer Entwicklung stehen mögen – Sie haben zweifelsohne mehr Gutes in Ihrem Herzen, als Ihnen bewusst sein mag.

Um die Fähigkeit des Vertrauens zu vertiefen, sollte man sich daran erinnern, dass die Energie dorthin fließt, wo die Aufmerksamkeit ist. Wenn Sie Ihre Achtsamkeit und Aufmerksamkeit auf das Gute, Vertrauenswürdige in Ihnen und um Sie herum richten, fließt positive Energie dorthin, und es kann sich vermehren. Je mehr Gutes Sie sehen und zum Ausdruck bringen, desto leichter fällt das natürliche Vertrauen ins Gute selbst. Gewiss ist es eine heilige Berufung, Gutes zu sehen und zu erschaffen.

So praktizieren Sie …

- Setzen Sie sich still hin und entspannen Sie sich zum Rhythmus Ihres Atems und Ihres Herzschlags.
- Sprechen Sie beim Einatmen eine Einladung aus, dass die wohltuende Güte Gottes mühelos in Ihren Körper, Ihren Geist, in Ihre Gefühle und Ihre Seele einfließen möge. Senden Sie beim Ausatmen wohlwollende und positive Gedanken an den oder an das aus, der oder das Ihnen zu Bewusstsein kommt.
- Setzen Sie die Kraft des Betens für andere ein. Schicken Sie jemandem Wünsche für Glück und Seelenfrieden.

Und im Laufe des Tages …

- Verstärken Sie Positives, indem Sie sich auf das Gute konzentrieren.
- Vollbringen Sie täglich ganz bewusst drei gute Taten.

„Ich atme große Wellen von Raum ein,
Der Osten und Westen sind mein,
und der Norden und Süden sind mein.
Ich bin größer, besser, als ich dachte,
ich wusste nicht, dass ich so viel Gutes enthalte."

Walt Whitman, *Song of the Road*

Andere so behandeln …

Die Goldene Regel bringt die zeitlose Weisheit zum Ausdruck, wie man ein gutes Leben lebt, und wird deshalb in allen großen Weltreligionen gelehrt. Hier sind einige Beispiele:

Christentum: Behandle andere so, wie du von ihnen behandelt werden willst. (Jesus)

Buddhismus: Behandle andere nicht auf eine Weise, die du, an dir selbst getan, verletzend finden würdest. (Der Buddha)

Judentum: Was dir verhasst ist, das tue deinem Nächsten nicht. Das ist die ganze Tora, alles andere ist Auslegung. Geh, lerne! (Hillel)

Hinduismus: Man soll niemals einem anderen antun, was man für das eigene Selbst als verletzend betrachtet. (Mahābhārata)

Islam: Keiner von euch ist gläubig, solange er nicht für seinen Bruder wünscht, was er für sich selbst wünscht. (Der Prophet Mohammed)

Sufismus: Die Grundlage des Sufismus ist die Rücksichtnahme auf die Herzen und die Gefühle anderer. Wenn du nicht den Willen hast, jemandes Herz glücklich zu machen, dann bemühe dich zumindest, jemandes Herz nicht zu verletzen, denn das ist unser Pfad. (Dr. Javad Nurbaksh)

Spiritualität der amerikanischen Ureinwohner: Alle Wesen und Dinge sind unsere Verwandten; was wir jeglichen davon antun, tun wir uns selbst an. (Black Elk)

Die Philosophie der Goldenen Regel fällt einem leichter, wenn man anderen Lebewesen, der Erde, sich selbst und dem gegenwärtigen Augenblick gegenüber präsent ist. Präsenz vertieft das Verständnis von allem. Verständnis öffnet unser Herz. Aus dem Herzen heraus zu handeln vertieft den persönlichen Frieden wie auch den Weltfrieden. Gewissenhaft angewendet ist die Goldene Regel die einzige Richtlinie, die wir brauchen, um ein achtsames, mitfühlendes Leben zu führen.

So praktizieren Sie …

- Suchen Sie sich Ihre Lieblingsversion der Goldenen Regel und hängen Sie sie da auf, wo Sie sie oft sehen. Der Merksatz meiner Freundin Amanda lautet humorvoll: „Wenn es nicht nett ist, dann mach und sag es auch nicht!"
- Behandeln Sie alle lebenden Wesen mit Achtung und Mitgefühl.
- Wandeln Sie mit sanften Schritten auf unserer Mutter Erde.

Und im Laufe des Tages …

- Schenken Sie allen Herzen, auch Ihrem eigenen, die sanfteste aller Umarmungen.

Behandle andere so …

Liebe und Güte in den Mittelpunkt stellen

Unter den vielen Definitionen von „Liebe und Güte" lauten einige: Wohlwollen, Mitgefühl, Rücksichtnahme, Verständnis und Sorge für unser eigenes Wohlbefinden sowie für das Wohlbefinden der anderen. Liebende Güte ergibt sich ganz natürlich aus der Offenheit des Herzens, die durch die Praxis der achtsamen Präsenz entscheidend gefördert werden kann.

Liebe und Güte zu entwickeln bedeutet, sich in jedem Moment bewusst zu entscheiden, liebevoll und freundlich zu sein, zu empfinden und zu handeln. Lenni, eine Klientin von mir, hält inne, um sich die Frage zu stellen: „Was ist in der momentanen Situation liebevoll?" Lenni sagte mir, es sei nicht schwierig, darauf eine Antwort zu finden; doch liebevoll zu empfinden, das sei schwer. „Manchmal sage ich einfach ‚also gut' und fühle mich aber weiter alles andere als liebevoll oder freundlich. Allerdings stelle ich mir die Frage schon so lange, dass ich nur in den seltensten Fällen unfreundlich oder lieblos handle."

Wir alle sind auch nur Menschen und werden wir uns nicht in jeder Situation für Liebe und Güte entscheiden. Spirituelle Lehrer und Weise lehren jedoch schon seit Jahrtausenden, dass unsere wahre Natur die Liebe ist, und deshalb kommen wir mit unserer angeborenen Wahrhaftigkeit und unserem höheren Selbst in Einklang, wenn wir Liebe und Güte widerspiegeln. Die Aufrichtigkeit unseres höchsten Selbst zum Ausdruck zu bringen ist einer der besten Wege, um Seelenfrieden zu finden und ein Gefühl von Sinn und Freude entstehen zu lassen.

Mitfühlend im gegenwärtigen Augenblick präsent zu sein und konsequent Liebe und Güte zu praktizieren, das lässt uns Licht in das Dunkel und Trost in den Kummer bringen. Lassen wir den unschätzbar wertvollen Segen von Liebe und Güte uns selbst, anderen und der ganzen Welt zukommen und schicken wir Wellen des Mitgefühls und der Zuneigung tiefer und weiter hinaus, als wir es uns je hätten vorstellen können.

Licht vertreibt Dunkelheit. Liebe ist eine Einstellung voller Licht, und Güte ist Licht in Aktion. Wenn wir deshalb das Versprechen der Präsenz erfüllen und bewusst Taten der Liebe und Güte vollbringen, werden wir zu kostbaren Lichtträgern in einer Zeit, in der so viele Menschen und Orte von Dunkelheit überschattet sind.

Mögen wir das Licht auf unserem teuren Planeten dadurch verstärken, dass wir in jedem Moment, in dem es uns möglich ist, Liebe und Güte praktizieren.

So praktizieren Sie …

- Denken Sie bitte daran, dass die Praxis der Liebe und Güte bei einem selbst beginnt und sich von dieser Mitte des offenen Herzens aus auf andere ausdehnt.
- Bringen Sie Licht, indem Sie gütig und liebevoll sind.

Und im Laufe des Tages …

- Entscheiden Sie sich bewusst für Liebe und Güte.

Das Geschenk der Präsenz,
das Liebe und Güte verheißt,
ist immer da.

TEIL III

Die Früchte ernten

KAPITEL 10

Warum sich Achtsamkeit so gut anfühlt

„Die Achtsamkeit heilt nicht alles, aber sie ist immer heilsam. Sie korrigiert die natürliche Neigung des Geistes zu Zerstreutheit, Verwirrung und Unruhe und setzt geistige Energie neu für Einsicht, Klarheit und Wohlbefinden ein."

THICH NHAT HANH

Schon einige wenige Minuten der Achtsamkeit können eine grundlegende Veränderung in Ihrem Fühlen und Handeln bewirken. Selbst wenn Sie sich in der Selbstvergessenheit von Zerstreuung und Pflichterfüllung herumschlagen, erden Sie sich schon dadurch im Hier und Jetzt, dass Sie nur auf Ihren Atem achten, und kommen dadurch der Ausgeglichenheit, Harmonie und Achtsamkeit etwas näher. Als eine Brücke zwischen Körper und Geist führt uns der Atem zu unserem Körper zurück, wenn wir auf Wegen wie der Geschäftigkeit, der Frustration, der Angst oder der Sorge weit abgekommen sind.

Unruhe und das Gefühl, überfordert zu sein, können unseren Energiespeicher so auszehren, dass unsere Lebenslust schwindet. Doch wenn wir Achtsamkeit praktizieren, kommen wir zur Ruhe und in unsere Mitte, und Energie baut sich wieder auf. Ein gut gefüllter Energiespeicher gibt uns Kraft und Schwung, um uns aktiver für uns selbst, für andere und für das Leben im Allgemeinen einzusetzen. Achtsamkeit fördert energiereichere innere und äußere Verbindungen.

Neben größerer Energie fördert Achtsamkeit auch die innere Weite, Klarheit und das Wohlbefinden. Während automatische Verhaltensweisen und angstvolle Gefühle unser Leben einschränken und uns in einer Atmosphäre der Begrenztheit festhalten, die durch unser kleines Selbst erzeugt wird, wirkt es ungeheuer weitend und befreiend, wenn wir gut auf unsere Handlungen, Reaktionen und Entscheidungen achten. In der Weite der Ausdehnung und Seelenruhe kann unser ausgeglichenes, weises und intuitives Selbst bestmöglich funktionieren. In der Weite und der Ausdehnung öffnet sich unser Herz und lässt uns das liebliche Wispern der Seele vernehmen.

Achtsamkeit als Erstes

Achtsamkeit führt zu Bewusstheit. Bewusstheit ist der erste Schritt auf dem Weg zur Veränderung. Durch Bewusstheit gewinnen Sie Einsicht in jene Facetten Ihres Lebens, die des Ausgleichs bedürfen, in jene Teile Ihrer selbst, die sich nach Frieden sehnen, und in jene Zeiten und Situationen, in denen Ihr Herz versucht ist, sich zu verschließen. Mit einem gewissen Einsatz können wichtige Einsichten zu ebenso wichtigen Handlungen führen, die Ihr Leben exponentiell verbessern. Wenn Sie sich selbst und Ihrer Umgebung eine bewusste, nicht urteilende Achtsamkeit entgegenbringen, öffnen sich Ihr Herz und Ihr Geist für die bestmöglichen Entscheidungen. Eine derartige Bewusstheit verleiht Ihnen die Fähigkeit, kluge, gesunde und reife Entscheidungen zu treffen, die auf reale, angemessene Wünsche und Bedürfnisse gegründet sind. Bewusstes Entscheiden bedeutet Freiheit.

Durch größere Bewusstheit sich selbst gegenüber kann man das annehmen, was gut für einen ist, und kann das, was nicht gut für einen ist, auf behutsame, konstruktive Weise verändern. Bewusstheit hilft einem, Verantwortung für das eigene Leben zu übernehmen und Rechenschaft für die eigenen Handlungen und Erfahrungen zu tragen. Bewusstheit und Reife gehen Hand in Hand. Reife ist nicht die überverantwortliche, an Kette und Fessel geschmiedete Plackerei, wie es uns die ewigen „Peter Pans" weismachen wollen. Reife ist ein befreiender Seinszustand, der jeglicher Opferfigur, die noch im eigenen Inneren herumlungert, fröhlich ein Nimmerwiedersehen zuwinkt, und sich konsequent so verhält, dass ein freudevolles, produktives, schönes und sinnvolles Leben entstehen kann. Durch die Praxis von Achtsamkeit aufgebaute Bewusstheit hilft uns, in der Begleitung von Liebe, Licht und Lachen zu reifen.

Wie bei den meisten Dingen im Leben ist auch die Reifung ein fortlaufender Prozess, und es ist nie zu spät, etwas Neues dazuzulernen, wodurch Bewusstheit und Freude noch mehr gefördert werden können. Mein Mann Gene und ich sind beispielsweise keine jungen Hüpfer mehr, doch kürzlich haben wir uns zum Verzicht auf Jammerei, Kritik und Tratscherei verpflichtet, indem wir die lilafarbenen Armbänder „für eine einwandfreie Welt" angelegt haben, über die ich im 5. Kapitel im Abschnitt „Nie mehr jammern" berichtet habe. Obwohl wir schon vor dem Versprechen nicht viel gejammert, kritisiert oder getratscht haben, fühlen wir uns beide durch das Armband zufriedener, weil wir dadurch bewusster gegenüber der Versuchung sind, uns irgendwelchen Angewohnheiten hinzugeben, die das positive Fühlen beeinträchtigen könnten.

Um ganz ehrlich zu sein: Ich profitiere noch mehr als Gene von dieser Erinnerungshilfe, doch auch er hatte ein amüsantes Erlebnis damit. Weil sein Golfspiel seit mehreren Partien etwas zweifelhaft gewesen war und er nicht wollte, dass ihn das Armband ablenkte – sowohl physisch als auch psychisch, vermute ich – beschloss er, es beim nächsten Spiel abzulegen. Nach der Partie erzählte er mir lachend: „Obwohl ich das Armband gar nicht anhatte, konnte ich es um mein Handgelenk spüren!“ Er hatte auch mehr Spaß und weniger Versagensängste, auch wenn manche Schläge weniger akkurat waren, als er gehofft hatte.

Nicht nur, dass ich mich leichter und unbeschwerter fühle, seit ich das Armband trage – ich habe auch eine unerwartete Nebenwirkung erfahren. Ich habe aufgehört zu fluchen. Jahrzehntelang hatte ich geglaubt, dass meine paar Lieblingsschimpfwörter ziemlich harmlos seien und meiner Persönlichkeit lediglich etwas „Pep“ verliehen. Interessanterweise habe bei der Beobachtung meiner Reaktionen und Verhaltensweisen aufgrund des lilafarbenen Armbands gemerkt, dass negative Emotionen durch das Fluchen auf perfide Art und Weise verstärkt werden, wie unschuldig auch immer die Ausdrücke, die ich wählte. Obwohl ich mir nicht vorgenommen hatte, mit dem Fluchen aufzuhören, ist es als eine Folge von erhöhter Achtsamkeit einfach geschehen. Überraschenderweise vermisse ich es überhaupt nicht. Sieh mal an … Besuchen Sie die Website AComplaintFreeWorld.org, wenn Sie mehr darüber erfahren wollen.

Eine weitere ungemein wichtige Achtsamkeit, die man kultivieren sollte, ist die Einschätzung, wie müde man tatsächlich ist. Durch Müdigkeit werden positive Gefühle und Erfahrungen gedämpft und negative verstärkt. Meine wunderbare Mutter, die oft überarbeitet war und wenig gewürdigt wurde, hatte an ihrem Küchenfenster ein kleines Schild hängen, auf dem stand: „Dearie is Weary“ (etwa: „Mutti ist müde“). Als Erwachsene wünschte ich, ich hätte ein bisschen mehr auf diese offensichtliche Bitte um Hilfe bei ihrer Arbeitslast geachtet. Doch als Kind habe ich nur gekichert und es als eine weitere von Mutters Schrullen abgetan. Wenn bei Ihnen irgendwo in einem Winkel Ihres Körpers oder Ihrer Seele ein ähnliches Schild hängt, dann beachten Sie es bitte! Ja, wenn Sie beim Praktizieren von Achtsamkeit nichts weiter erreichen als das Bewusstsein, dass Sie erschöpft und müde sind und eine Pause brauchen, und letztere dann auch regelmäßig einlegen, kann sich allein dadurch Ihr Wohlbefinden und Ihre Lebensfreude enorm steigern.

Obwohl wir uns vielleicht schmunzelnd in Garrison Keillors Behauptung wiederfinden – „Ich glaube daran, der Realität direkt ins Gesicht zu sehen und sie zu leugnen!" –, ist es, wenn wir zur ganzen Herrlichkeit unseres Lebens wirklich erwachen wollen, doch besser, dass wir uns an Thich Nhat Hanhs Überzeugung halten, dass „jeder Gedanke, jede Handlung im hellen Licht der Bewusstheit etwas Heiliges wird". Bewusstheit ist ein unschätzbar wertvoller, lebensfördernder Vorteil, den man aus der Praxis von Achtsamkeit gewinnt.

Freiheiten, die folgen

Natürlich werden die Freiheiten, die Sie durch Achtsamkeit erlangen, Ihre ganz eigenen sein, doch ich möchte hier einige vorstellen, von denen ich weiß, dass viele Frauen in ihren Genuss gekommen sind.

Loslassen

Ehe ich mit der Meditation und dem bewussten Praktizieren von Achtsamkeit begann, war das „Loslassen" für mich ein schwer zu greifendes Konzept. Tatsächlich war ich besonders gut im Zugreifen, aber überhaupt nicht geschickt im Loslassen. Durch erhöhte Achtsamkeit bin ich nun so viel besser in der Lage, loszulassen, dass ich oftmals in den Genuss der wunderbaren Freiheit komme, mich von Einstellungen, Verhaltensweisen, Erwartungen und Tätigkeiten lösen zu können, die mein Leben und mein Herz einengen, anstatt sie zu erweitern.

Für mich stellt die erste Strophe von Reinhold Niebuhrs Gelassenheitsgebet, so wie sie von den Anonymen Alkoholikern übernommen worden ist, eine wunderbare Zusammenfassung des Konzepts vom Loslassen dar: „Gott, gib mir die Gelassenheit, Dinge hinzunehmen, die ich nicht ändern kann, den Mut, Dinge zu ändern, die ich ändern kann, und die Weisheit, das eine vom anderen zu unterscheiden." Mit Hilfe von Achtsamkeit werden uns unsere angeborenen Gaben von Annahme, Mut und Weisheit leichter zugänglich, und ein Loslassen wird möglich.

Grundsätzlich ist das Beste, was wir loslassen können, die Illusion von Kontrolle in dieser Welt des ständigen Wandels. Ja, es gibt sehr wohl Dinge, die wir verändern und unter Kontrolle haben können, aber es gibt noch sehr viel mehr Menschen, Ereignisse, Ergebnisse und Blickwinkel, über die wir keinerlei Kontrolle besitzen, außer der der Visualisierung und des Gebets um eine positive Lösung. Wenn wir an dem festhalten, was nicht in unserer Hand liegt, bleiben wir in Angst und Widerstand gefangen.

Jack Kornfield, der Mitbegründer der „Insight Meditation Society", bezeichnet die Fähigkeit des Loslassens als „die Weisheit der Unsicherheit" und erklärt sie als „die Fähigkeit, mit den Veränderungen mitzufließen, alles als einen einzigen Veränderungsprozess zu betrachten, sich mit der Ungewissheit zu entspannen" (Baraz, 2007). Er führt das Konzept des Loslassens noch weiter aus: „Die Meditation (und wir können sicher, so glaube ich, auch ‚die Achtsamkeit' hinzufügen; Anm. d. Autorin) lehrt uns, wie wir loslassen, wie wir inmitten von Veränderung bei uns bleiben können. Wenn wir einmal eingesehen haben, dass alles unbeständig und ungreifbar ist und dass wir gewaltiges Leid erzeugen, wenn wir an Dingen anhaften, die immer gleich bleiben sollen, dann erkennen wir, dass es ein weiserer Weg im Leben ist, sich zu entspannen und loszulassen. Loslassen bedeutet nicht, dass einen etwas nicht kümmert. Es bedeutet, dass man sich flexibler und klüger darum kümmert."

Bitte gehen Sie liebevoll mit sich um, während Sie sich der Fähigkeit des Loslassens annähern. Es ist zwar relativ einfach, die Weisheit des Loslassens zu begreifen, doch es wirklich zu tun, ist oftmals sehr schwer, besonders wenn es um jene geht, die wir am meisten lieben und denen wir am engsten verbunden sind.

Meine Freundin Sophie ringt gerade heftig damit, viele altvertraute Muster loszulassen – zum Beispiel Selbstvorwürfe und übergroße Sorgen, um nur zwei davon zu nennen –, während ihre verheiratete Tochter mit einer schwierigen, verletzenden Ehe kämpft. „Unter anderem ist es für mich deshalb so schwer", sagt Sophie, „weil es mir vorkommt, als würde ich mich selbst noch einmal beobachten." Nach unzähligen schlaflosen Nächten und mehreren ernsten Gesprächen mit ihrer Tochter hat Sophie beschlossen, dass sie aufhören muss zu denken, sie könne die Zukunft ihrer Tochter und ihrer Enkelkinder in irgendeiner Weise kontrollieren. Alles, was sie tun kann, ist, sie lieb zu haben, gleichgültig, was geschieht. „Um meines eigenen Seelenfriedens willen muss ich aufhören, mir selbst Vorwürfe zu machen, ich muss ein bisschen Abstand zwischen die Situation und mich bringen, und ich muss einfach nur meine Liebe, Liebe, Liebe zu ihnen empfinden …", sagte sie mir kürzlich.

Um den Prozess ihres Loslassens zu unterstützen, erinnert sich Sophie daran, dass sie als Mutter und junge Ehefrau ihr Bestes getan hat. Sie bringt ihre Gedanken in den gegenwärtigen Augenblick zurück, wenn sie in sorgenvolle Fragen von „Was wäre, wenn …" abdriftet, sie sieht das Schöne und Wunderbare, das genau jetzt vor ihr liegt, und sie ist bereit, wenn ihre Tochter und ihre Enkelkinder sie brauchen. Ganz allmählich – es ist besonders schwer, loszulassen, wenn unsere Kinder leiden – kann Sophie wieder besser schlafen und darauf vertrauen, dass ihre Tochter es schaffen wird, was auch immer sich ergeben mag.

Sophies Geschichte zeigt, dass wir desto weniger an unserer Vorstellung dessen anhaften, was sein sollte, je bewusster wir für das präsent sind, was ist. Ruhig und urteilsfrei auf das zu achten, was ist – auch wenn es schwierig und schmerzhaft ist –, hält uns davon ab, in das „Loch der Zukunftsangst" zu verfallen oder in einem Gefängnis aus der Vergangenheit festzusitzen, in dem vielleicht noch Groll und Reue herrschen. Obwohl es nun fast schon zu einem Klischee wird: Die achtsame Bewusstheit, die man durch das Leben im Moment und das Präsentsein im

Hier und Jetzt erlangt, ist immer wieder ein wertvoller, gangbarer Weg hin zu größerer Freiheit.

Nicht-Anhaftung

Nicht-Anhaftung ist ein brüderlicher Zwilling des Loslassens. Die Fähigkeit, sowohl das Loslassen als auch die Nicht-Anhaftung ins tägliche Leben zu integrieren, führt zu emotionalem Gleichgewicht und geistigem Frieden. In der Tat hat der Buddha gelehrt, dass das höchste Glück von „einem Geist kommt, der an nichts festhält".

Viele Jahre lang hatte ich die irrige Vorstellung, dass es liebevoller sei, in allen Situationen – sowohl meinen eigenen als auch denen anderer – absolut am erwünschten Ergebnis festzuhalten, und dass es ein Zeichen echter Fürsorglichkeit wäre, wenn ich das Leid und die Verwirrung anderer fast ebenso tief empfände wie diese selbst. Ich weiß, dass es mir in meiner Ausbildung zur Psychotherapeutin anders beigebracht worden war, aber alte Muster hielten sich beharrlich, so dass ich in meiner therapeutischen Praxis mit den gleichen anhaftenden, festhaltenden Verhaltensweisen meinen Klienten gegenüber begann, die ich in meinem Privatleben zeigte. Erst eine Erkrankung, die aus Erschöpfung und Frustration resultierte, machte mir deutlich, dass ich durch meine Anhaftung in der gleichen emotionalen Grube gelandet war wie meine Klienten.

Nicht-Anhaftung bedeutet nicht Unverbundenheit oder Gleichgültigkeit. Wenn wir mitfühlend abgelöst sein können, fühlen wir uns in Wahrheit uns selbst und anderen näher und verbundener. Wenn wir die Anhaftung aufgeben, insbesondere die Anhaftung an ein erwünschtes Resultat, so verringert sich der Widerstand gegen unsere eigenen Schwierigkeiten, und, was sehr wichtig ist, wir befreien uns von der hartnäckigen Annahme, wir müssten immer alles irgendwie für alle anderen „besser machen", wie groß deren Probleme auch sein mögen. Wie anstrengend! Doch wie ermüdend diese Idee auch immer sein mag, unter Frauen ist es eine beunruhigend weitverbreitete Einstellung, auf einer tiefen oder unterbewussten Ebene zu glauben, alles sei ihre eigene Schuld und es sei deshalb auch ihre Pflicht, es in Ordnung zu bringen – was auch immer dieses „es" sein mag.

Wenn wir diese anstrengende Einstellung aufgeben und die Tatsache akzeptieren können, dass die anderen für sich und ihr Leben selbst verantwortlich sind, erlangen wir die Energie und die Bereitschaft, liebevoll und mitfühlend für sie präsent zu sein.

Als eine Variante von Jack Kornfields „Weisheit der Unsicherheit" benutzt mein Mann Gene gerne den Ausdruck „die Weisheit der Vergänglichkeit". Einer der segensreichen Vorzüge von Achtsamkeit ist der, dass wir durch sie die Realität der Vergänglichkeit erkennen und in deren letztendliche Weisheit vertrauen können, selbst wenn wir nicht die geringste Ahnung haben, worin sich diese Weisheit äußern wird. Die größten Lektionen, die ich je über den Schmerz, die Würde und die Weisheit der Vergänglichkeit gelernt habe, kamen von meiner Arbeit im Sterbehospiz. Die Intensität und Unmittelbarkeit von Tod, Sterben und Trauer rufen eine sehr bewusste Präsenz hervor. Als Leiterin von Trauergruppen empfand ich große Ehrfurcht vor dem Mut und der Würde, mit denen die Teilnehmenden mit Verlust und Veränderung umgingen. Zeugin zu sein, wie einige dieser Menschen aus der Asche der Trauer emporgestiegen sind und sich nach dem Tod eines Partners, eines Kindes, eines Elternteils oder eines Freundes ein anderes, aber nichtsdestotrotz sinnerfülltes Leben aufgebaut haben, das hat mir ein bleibendes Vertrauen in die Widerstandsfähigkeit der menschlichen Seele geschenkt. Die Besuche bei Hospizpatienten und deren Angehörigen haben mich sowohl als Therapeutin als auch als Seelsorgerin unendlich wertvolle und nachhaltige Lektionen über die Kunst und die Freude der Vergänglichkeit, des Loslassens und der Nicht-Anhaftung gelehrt. Nicht ohne viele Tränen natürlich, aber auch Tränen sind ein unerlässlicher Bestandteil im gesegneten Ganzen des Lebens.

Unser Leben leichter werden lassen

Ein Gefühl von Erleichterung ergibt sich von selbst, wenn wir loslassen und ein abgelöstes Mitgefühl für Situationen entwickeln können, für die wir nicht verantwortlich sind und über die wir keine Kontrolle haben. Ein leichteres Gefühl ergibt sich auch, wenn wir unseren Geist zur Ruhe bringen und uns angewöhnen, positive und erbauliche Gedanken zu denken. Obwohl die Ermahnung „Nimm's leicht!" oftmals in uneinfühlsamer, rüder Weise erfolgt, ist es doch ein weiser Ratschlag – ein Rat, den die meisten von uns brauchen und den wir alle auch erfolgreich umsetzen können.

Wenn wir unsere Aufmerksamkeit darauf richten, unser Leben heller und leichter zu machen, ist uns die Achtsamkeit dabei eine wichtige Verbündete. Mit ihrer Hilfe gelingt es uns, der inneren Verletzungen und beengenden Überzeugungen gewahr zu werden, die unsere Einstellungen verdüstern und unsere guten Anlagen untergraben, und sie hilft uns bei der Heilung. Wenn wir mitfühlend für uns selbst präsent sind, bekommen wir ein tieferes Verständnis dafür, wer wir wirklich sind, und unser Herz und unser Geist öffnen sich der Weisheit, der Schönheit und dem Guten, die im Kern unseres Wesens liegen. Achtsamkeit hilft uns, so zu leben, wie es der indianische Weise White Eagle ausgedrückt hat: „Sei still im Innern, sei gelassen. Versuche nicht, dein Leben zu erzwingen. Bleibe gelassen, verrichte deine Arbeit im Stillen. Lebe, wie die Blumen leben, und öffne dein Herz dem Sonnenlicht der Liebe Gottes." (Cooke, 1972)

Sonnen Sie sich im Glanz von göttlicher Liebe und Selbst-Liebe, lassen Sie die Flamme des Mitgefühls in Ihrem Herzen aufleuchten und jeden Aspekt Ihres Seins, Tuns, Fühlens und Glaubens mit Licht erfüllen. Die Praxis von Achtsamkeit leuchtet uns den Weg zu Freude und Wohlgefühl.

Achtsam wandeln

Das wahre Wunder, so hat der vietnamesische Mönch Thich Nhat Hanh gesagt, besteht nicht darin, auf dem Wasser zu wandeln, sondern achtsam auf dieser grünen Erde zu wandeln.

- Der Atem bringt uns nach Hause.
- Achtsamkeit führt zu einem ruhigen Geist und zu einem offenen Herzen.
- Eine mitfühlende Bewusstheit für unser Inneres fördert unsere Selbstliebe und Selbstannahme.
- Unsere Liebe und Freundlichkeit für uns selbst erfüllt uns bis zum Überfluss und macht es möglich, dass wir andere voller und freier lieben.
- Das innere Gleichgewicht kann wiederhergestellt werden, indem man die eigene Aufmerksamkeit bewusst auf den gegenwärtigen Augenblick richtet.
- Einfachheit fördert Ruhe und Ausgeglichenheit.
- Kontrolle ist eine Illusion, Veränderung ist unvermeidlich, und an der Unbeständigkeit ist nichts zu ändern. Lassen Sie sich ganz auf die Realität des Hier und Jetzt ein.
- Mit Hilfe von Achtsamkeit besinnen Sie sich darauf, dass Sie eine bemerkenswerte, kraftvolle und mitfühlende Frau sind.
- Leben Sie sanft mit sich und mit anderen.

Mögen Sie achtsam sein. Möge jeder Schritt, der auf dieser wunderschönen grünen Erde getan wird, gesegnet sein mit einfühlsamer Achtsamkeit, sanftmütiger Annahme und mit Frieden im Geist und im Herzen.

Einige wenige Augenblicke der Achtsamkeit können die ganze Welt verändern.

DANKSAGUNGEN

Welch ein Vergnügen ist es mir gewesen, mit den wunderbaren Leuten von New Harbinger Publications zusammenzuarbeiten. Dank an Julie Bennett, die mein allererstes Buch vor dem Papierkorb bewahrt und mich erst kürzlich vor der Pensionierung errettet hat, indem sie mich in die Welt des Schreibens zurückgelockt hat, die ich doch so liebe. Dank auch an Melissa Kirk und Jess Beebe, die immer schnell und liebenswürdig reagieren und die tolle Ideen in den kreativen Schmelztiegel eingebracht haben. An Carole Honeychurch, die mit sanfter und sicherer Hand und verständnisvollem Herzen redigiert. An Troy DuFrene, Heather Mitchener, Michele Waters und Amy Shoup, die dieses Buch so viel lesbarer und attraktiver gemacht haben. Dank an euch alle.

Danke und eine dicke Umarmung an Judith Mangus, Seelenschwester, deren Weisheiten mich manchmal an recht seltsame Orte locken. Große Dankbarkeit geht an Laura Jahanara Mangus, deren Lehren mein Herz immer wieder an den rechten Fleck rücken. An Sonja, die unbeirrbar einfühlsam ist. An die WOWs, Jean, Kamilla und Linda, die Erdschwere und viel benötigtes Gelächter beisteuern. An Mary, Jane, Jean Marie und Daune und alle Frauen von der Quest-Gruppe, die mir wöchentlich einen Anker des Zuhörens und Lernens bieten. An Susan, Karen und Bonnie sowie an all die anderen Frauen, die ich liebhabe und immer liebhaben werde. Ihr seid meine Grundpfeiler.

Wie immer, herzlichsten Dank an meine Familie zu Hause. An Gene, der mich immer zum Lachen bringt und der mir Fels, Flügel und liebster Spielkamerad zugleich ist. Bei diesem Buch ist er mehr als bei jedem anderen ein unschätzbarer Mitarbeiter gewesen und hat mich mit Artikeln, Zitaten und Ideen versorgt, die das Endprodukt unermesslich bereichert haben. An Lily, das niedlichste und liebenswerteste Hündchen der Welt, das mir ein Lächeln ins Gesicht zaubert. Und an Riley, die süßeste, hübscheste Katze überhaupt, die mich Demut lehrt, indem sie jede Menge Flusen, Schmutz und Haare produziert, die ich wegputzen darf.

Herzlichen Dank auch an meine Familie außer Haus, Mike, Paige, Chad, Lynnie, Shawn, Josh, Alex, Grant und Caitlin, die nicht nur meine durchs Schreiben bedingte zeitweilige Abwesenheit geduldig hinnimmt, sondern mir zu allen Zeiten ein liebevolles Netzwerk ist. Und Brett und Colleen, danke, dass ihr die Mühen und die Begeisterung des Schreibens aus erster Hand kennt und meine Hand während beider Phasen gehalten habt.

Für meine treuen und sanften Musen, unendliche Dankbarkeit …

QUELLEN

Aron, Elaine: *Sind Sie hochsensibel? Wie Sie Ihre Empfindsamkeit erkennen, verstehen und nutzen.* Heidelberg: mvg-Verlag, Sonderausgabe 2007.

Baraz, James: *Awakening Joy* (Online-Kurs in engl. Sprache). 2007. (*www.awakeningjoy.info*)

Bowen, Will: *Einwandfrei: Wie Sie aufhören, über Gott und die Welt zu klagen und stattdessen anfangen, wirklich das Leben zu genießen; (Die 21-Tage-Herausforderung) = „A complaint free world*". München: Goldmann, 2008.

Buechner, Frederick: *The Eyes of the Heart: A Memoir of the Lost and Found.* New York: Harper Collins, 1999.

Chödrön, Pema: *Beginne, wo du bist: eine Anleitung zum mitfühlenden Leben.* Bielefeld: Aurum-Verlag in J. Kamphausen Verlag, 4. Auflage, 2003.

Cooke, Grace: *In der Stille liegt die Kraft / 2.* Grafing: Aquamarin-Verlag, 2. Auflage, 1999.

Gammons, Peter: „What I learned", in: *USA Today*, 7. März 2007.

Lucado, Max: *Ganz du selbst!: deinen Platz im Leben entdecken.* Holzgerlingen: Hänssler, 2006.

Prather, Hugh: *Morning Notes: 365 Meditations to Wake You Up.* Berkeley: Conari Press, 2005.

Siegel, Bernie: *Prognose Hoffnung: Liebe, Medizin und Wunder.* Berlin: Ullstein, Neuausgabe 4. Auflage, 2006.

Thoele, Sue Patton: *Bis hierher und nicht weiter: Wie Frauen lernen, sich selbst zu behaupten.* München: Droemer Knaur, 1993.

–: *Heart Centered Marriage: Fulfilling Our Natural Desire for Sacred Partnership.* Berkeley: Conari Press, 1996.

Ware, Ciji: *Rightsizing Your Life: Simplifying Your Surroundings While Keeping What Matters Most.* New York: Springboard Press, 2007.

ÜBER DIE AUTORIN

Sue Patton Thoele ist Psychotherapeutin, ehemalige Hospiz-Seelsorgerin, Leiterin von Trauergruppen und Autorin von elf Büchern. Sie lebt mit ihrem Mann Gene in Colorado in der Nähe ihrer erwachsenen Kinder und ihrer Enkelkinder. Ihre Leidenschaften sind Freundschaften, das Schwimmen mit frei lebenden Delfinen, eine „Fußball-Omi" zu sein, Kunsthandwerk, mit ihrem Mann Spiritualität zu erkunden und sich und anderen den Mut zu geben, durch die sanfte Praxis größerer Achtsamkeit zu Ausgeglichenheit, seelischem Frieden und einem offenen Herzen zu finden.

WEITERE LITERATUR AUS DEM ARBOR VERLAG

Hilary Hart

Die Wiederentdeckung weiblicher Spiritualität

Gibt es ein spezifisch weibliches mystisches Bewusstsein? Und wenn ja: Wie beeinflusst es die spirituelle Transformation von Frauen, die spirituelle Transformation der Menschheit?
Auf der Suche nach einer Spiritualität, die nicht nur gelehrt, sondern auch gelebt wird, begleitete Hilary Hart sieben Frauen und einen Mann – unter anderem aus den Traditionen der Lakota Sioux, des Sufismus, des Buddhismus und des westafrikanischen Schamanismus.
In acht Portraits eines neuen Bewusstseins vermittelt sie uns so eine Spiritualität, die sich durch Gegenwart und einfaches Sein verwirklicht. Dabei führt uns Die Wieder-entdeckung weiblicher Spiritualität durch die Welt:
Aus einem buddhistischen Kloster am Fuße des Hima warme Dunkelheit einer Schwitzhütte in Denver.

„Ein wundervolles Buch! Aus ihm spricht eine tiefe Weiblichkeit – mit jener Inspiration und Weisheit, die in unserer Zeit so dringend gebraucht werden.“

Jack Kornfield

ISBN 978-3-936855-18-0

Elisha Goldstein & Lienhard Valentin

@ work

Stressbewältigung durch Achtsamkeit im beruflichen Alltag

Wir können lernen, uns in Leben und Beruf den wirklich wichtigen Dingen wieder voll und ganz zuzuwenden. Denn es geht nicht darum, wie wir unsere Zeit managen. Das Thema ist, wie wir unsere *Aufmerksamkeit* in Leben und Beruf derart managen, dass sie sich auf die wesentlichen Dinge bezieht. Das ist der Schlüssel zu Effektivität und Ausgeglichenheit.
@ work befähigt Sie, Ihre Aufmerksamkeit gezielter zu steuern, Stress zu reduzieren und ganz einfach erfolgreicher zu arbeiten.
@ work lädt uns ein, in einen bewussten Modus konstruktiver Problemlösung zurückzufinden und in praktischen Übungen unser Gewahrsein für die wesentlichen Fragen des Lebens zu schulen.

Halbleinenband mit CD ISBN 978-3-86781-040-1

Andreas Knuf

Ruhe da oben!

Der Weg zu einem gelassenen Geist

Manchmal führt unser Geist sein eigenes Leben.
Unendlich vielfältig schwirren uns dann die Gedanken durch den Kopf, ziehen uns in ihren Bann und begeistern uns für neue Welten. Doch dann finden sie mal wieder kein Ende und es wird des Guten zu viel. Wenn nachts um vier unser rastloser Geist seine eigenen Wege geht, können wir erleben, wie uns unsere Gedanken und Gefühle fest im Griff haben. Wie eingefroren wird es uns dann unmöglich, diesen Augenblick zu genießen.

Zurück zur Energie des einfachen Seins.
Doch in Wirklichkeit sind wir weit mehr: Wir sind die beglückende Freude, die entsteht, wenn wir einfach nur in der Gegenwart sind, und von der wir gar nicht recht wissen, woher sie eigentlich kommt. Wir sind unser offenes Herz, das alles annehmen kann, uns selbst mit unseren kleinen Macken und Schwächen, aber auch die Menschen um uns herum. Wir sind die innere Stärke und Gelassenheit, die auch mit schwierigen Situationen zurechtkommt. Und wir ahnen: In der Welt jenseits der Gedanken können wir zurück „nach Hause“ finden, zu uns selbst.
Ruhe da oben! ist ein Buch für alle, die ihrem umherirrenden Geist auf die Schliche kommen möchten und bereit sind, sich von der Energie des einfachen Seins anstecken zu lassen.

ISBN 978-3-86781-032-6

Elizabeth Hamilton

Und immer plappert der Papagei –
Zen als Lebenskunst

oder wie es ihnen gelingen kann,
das nimmermüde Tierchen zu zähmen

Und immer plappert der Papagei ist der würzige Praxis-Mix einer erfahrenen Zenlehrerin.
Elisabeth Hamilton hilft uns, die Verstrickungen unseres konditionierten Geistes auf frische Art und auf neuen Wegen zu untersuchen. Übungen, Erzählungen und Anekdoten voller Leben und Humor verweben sich hier mit der tiefen Weisheit des Zen-Weges.
Trotz oder gerade wegen seiner Leichtherzigkeit ein ungewöhnlich ergiebiges Arbeitsbuch für die tägliche Meditationspraxis.

„Vieles von dem, was ich an mir selbst für einzigartig gehalten hatte, erwies sich als die Versponnenheit eines gut dressierten Papageis, als tief eingefahrene, konditionierte Sichtweisen, die ich mir wie jeder andere im Laufe des Versuchs angeeignet hatte, ein Jemand zu sein. Das ist nichts Schlimmes; aber dummerweise klammern wir uns an dieses Evangelium vom eigenen Selbst wie an ein Rettungsboot."

ISBN 978-3-936855-84-5

Online.

Umfangreiche Informationen zu unseren Themen, ausführliche Leseproben aller unserer Bücher, einen versandkostenfreien Bestellservice und unseren kostenlosen Newsletter. All das und mehr finden Sie auf unserer Website.

www.arbor-verlag.de

Mehr zu Sue Patton Thoele.

www.arbor-verlag.de/sue-patton-thoele